Helma Sick · Renate Schmidt

Ein Mann ist keine Altersvorsorge

Helma Sick · Renate Schmidt

Ein Mann ist keine Altersvorsorge

Warum finanzielle Unabhängigkeit für Frauen so wichtig ist

Kösel

Verlagsgruppe Random House FSC® N001967
Das für dieses Buch verwendete FSC®-zertifizierte Papier
Classic 95 liefert Stora Enso, Finnland.

4. Auflage
Copyright © 2015 Kösel-Verlag, München,
in der Verlagsgruppe Random House GmbH
Umschlag: Weiss Werkstatt München
Umschlagmotiv: © plainpicture / André Schuster
Druck und Bindung: GGP Media GmbH, Pößneck
Printed in Germany
ISBN 978-3-466-34594-6
www.koesel.de

 Dieses Buch ist auch als E-Book erhältlich.

Inhaltsverzeichnis

Vorwort

Frauen sind heute so gut ausgebildet wie nie zuvor. Sie können alles werden: Top-Managerin, Nobelpreisträgerin oder Bundeskanzlerin – wenn sie es wollen. Und trotzdem stehen immer noch die gleichen Fragen im Raum wie früher:

- Warum haben Frauen so wenig Rente?
- Warum arbeiten so viele Frauen im Minijob?
- Was versprechen sich Frauen von einem Leben in finanzieller Abhängigkeit?
- Warum zahlen sie bei Scheidungen oft drauf?
- Und warum trifft das alles auf Männer nicht zu?

Die traditionellen Antworten:

- Weil es halt immer so war!
- Weil Liebe blind macht!
- Weil eine Mutter nach Hause, zu ihrem Kind gehört!
- Weil Geld nicht alles ist im Leben!
- und, und, und …

Wir räumen in diesem Buch auf mit Illusionen, Vorurteilen und Ausreden, die überfällige Veränderungen blockieren. Anhand von konkreten Beispielen zeigen wir, was überholte Rollenvorstellungen im Leben von Frauen anrichten – und was die Politik seit Jahrzehnten dazu beiträgt. Und wir schreiben darüber, was alles anders werden muss, wenn es besser werden soll.

Denn: Über bestehende Verhältnisse immer bloß zu jammern, stabilisiert das System. Es wird sich nur dann etwas ändern, wenn sich Frauen und Männer engagiert dafür einsetzen. Wie das geht, lesen Sie in unserem Buch.

Helma Sick und Renate Schmidt

1 Brief an meine Schulfreundin

Renate Schmidt

Liebe Jutta,

endlich komme ich dazu, dir wieder einmal zu schreiben. Ich hoffe, es geht dir gut und du und deine Kinder und Enkelkinder sind wohlauf.

Bei mir ist alles im grünen Bereich, über die altersbedingten Wehwehchen lohnt es sich nicht zu reden, so richtig alt fühle ich mich auch nicht, aber das geht uns Älteren wohl allen so. Obwohl, als meine Tochter 50 wurde, habe ich plötzlich gemerkt, so richtig jung kann man als Mutter einer 50-Jährigen eigentlich nicht mehr sein, umso mehr, als auch meine älteste Enkelin 30 geworden ist.

Als Großmutter sorge ich mich wie alle Großmütter dieser Welt – dir wird es nicht anders gehen – nun um die Zukunft vor allem dieser Enkelkinder. Vier Enkelinnen (30, 28, 14 und 11 Jahre alt) habe ich, dazu kommen zwei »Stiefenkel« meines Mannes mit 7 und 4 Jahren.

Natürlich muss man als Großmutter aufpassen, nicht immer alles schlechter oder bedrohlich zu empfinden, was in der Gegenwart geschieht, und die Vergangenheit, also unsere Jugend, zu verklären. Aber es ärgert mich sehr, wie wenig junge Frauen aus ihren Chancen machen.

Als wir beide in die Grundschule gingen, damals hieß das Volksschule, war der Übertritt ins Gymnasium für Mädchen eine Seltenheit. Ich musste das zu Hause mit Hilfe meiner Großmutter noch erkämpfen. Du gingst in die Mittelschule, heute Realschule, und selbst das war für Mädchen nicht üblich.

Wie sagte meine Mutter so schön: »Wieso willst du aufs Gymnasium? Du machst die Volksschule bis zum Ende (das war damals die 8. Klasse). Wirst dann Verkäuferin oder gehst ins Büro, sparst eine Aussteuer zusammen und heiratest dann eh!«

Als junge Frauen haben wir fest daran geglaubt, dass echte Gleichberechtigung für Frauen und Männer in nicht allzu ferner Zeit zu erreichen ist, wenn nur alle das wollen.
Weißt du noch, wie wir uns ausmalten, wie gut es sich in einer Welt leben ließe, in der Frauen alles offensteht, was für Männer selbstverständlich ist?
In der Bildung ist das gelungen. Heute machen mehr Mädchen als Jungs Abitur und schneiden bei allen Bildungsabschlüssen besser ab als diese. Und dann? Sie sind ein paar Jahre berufstätig, heiraten, bekommen Kinder und verschwinden dann aus dem Erwerbsleben, um Jahre später als Minijobberinnen oder Teilzeitbeschäftigte wieder aufzutauchen.

Du weißt, dass ich 1993 ein Buch geschrieben habe (Mut zur Menschlichkeit), 2002 das nächste (S.O.S. Familie, ohne Kinder sehen wir alt aus) und jetzt sitze ich am dritten zu einem ähnlichen Thema.
Mich ärgert es, dass ich mit wenigen Änderungen dasselbe schreiben könnte, dass sich also in 20 Jahren so wenig geändert hat.
Mich ärgert das als Großmutter und mich ärgert es als ehemalige Politikerin, weil wir Frauen immer noch vor inhumane Alternativen gestellt werden: Entweder wir leben den Teil von uns, der nach außen wirkt, haben also Erfolg im Beruf und machen Karriere. Oder wir leben den Teil von uns, der nach innen wirkt, kümmern uns also um Kinder und Familie.
Ersteres bedeutet den Verzicht auf Kinder, manchmal sogar auf

Liebe, Letzteres bedeutet den Verzicht auf beruflichen Erfolg und häufig auf materielle Sicherheit, wenn die Ehe scheitert.

Männer werden vor solche Alternativen nicht gestellt, vielleicht auch, weil wir Frauen es bisher nie verlangt haben.

Im Gegenteil, die Männer sind mal wieder schneller als wir, haben erkannt, dass sie alleine den Lebensunterhalt einer Familie nicht mehr sicherstellen können, und erwarten von ihren Partnerinnen, dass sie möglichst gut verdienen (allerdings nicht unbedingt mehr als sie). Sie sind bereit, sich zumindest zeitweise um ihre Kinder zu kümmern, aber nicht auch noch um die banale Hausarbeit und auch nicht um den Preis, auf beruflichen Erfolg zu verzichten.

Also alles wie gehabt, wenn auch auf einem höheren (Bildungs-)Niveau.

Ich möchte für deine und meine Enkelinnen *und* Enkel erreichen, dass sie alle Möglichkeiten eines Lebens auch leben können, dass sie Zeit für ihren Beruf und ihre Familie haben, dass beides bei Frauen und Männern im Gleichgewicht ist und ihre Kinder davon profitieren.

Dazu sind natürlich nicht nur Änderungen im Privaten nötig, auch in der Politik und vor allem in der Wirtschaft muss sich einiges ändern: Wir dürfen uns von der Globalisierung und der damit einhergehenden Beschleunigung nicht unser Leben, schon gar nicht unser Familienleben stehlen lassen.

Derzeit stehen wir vor einer fatalen Wahl: Entweder wir entscheiden uns für eine (meist männliche) Lebensweise ohne familiäre, private und gesellschaftliche Pflichten, weltweit mobil und rund um die Uhr flexibel, mit allen Einkommens- und Karrierechancen. Oder für eine (meist weibliche) Lebensweise, die für Kinder und/oder alte Menschen sorgt, sich ehrenamtlich engagiert, die ortsgebunden ist, weil sich die Sorge um andere

Menschen und Mobilität ausschließen, die nur eingeschränkt zeitlich flexibel ist, weil Kinder Anwesenheit brauchen – eine Lebensweise mit bescheidenem Einkommen und nahezu keinen Karrieremöglichkeiten.

Dieses Entweder-oder schadet uns allen: den Männern, weil sie nur einen Teil ihrer Lebensmöglichkeiten kennenlernen, den Frauen, weil sie ihre gute Bildung und Ausbildung nicht nutzen können, den Kindern, weil sie Zeit mit Mutter und Vater brauchen, der Gesellschaft, weil sie an (Lebens-)Werten verliert, und nicht zuletzt der Wirtschaft, weil die einseitige Fixierung auf Beruf und Karriere Kreativität und unkonventionelle Ideen erstickt und sie es sich nicht mehr leisten kann, auf weibliche Fachkräfte zu verzichten.

Frauen und eine zunehmende Zahl von Männern wollen ein bunteres Leben. Das kann doch in einem so reichen Land wie Deutschland keine Utopie sein!

Drück mir die Daumen, dass es uns gelingt, Veränderungen anzustoßen, und lass bald mal wieder von dir hören.

Herzlichst
Deine Renate

2 Ein Riesenproblem und Zwergenschritte

Helma Sick

Seit 25 Jahren halte ich Vorträge zum Thema »Frauen und Geld«, in denen es darum geht, wie wichtig finanzielle Unabhängigkeit für Frauen ist, wie drastisch sich eine lange Berufsunterbrechung auf die Rente auswirkt, wie desaströs Minijob und lang andauernde Teilzeitarbeit sind usw.

Ich könnte den Ursprungsvortrag mit kleineren Änderungen heute noch halten, so wenig hat sich verändert. Und warum ist das immer noch so? Weil Männer den Fortschritt auf diesem Feld nicht unbedingt fördern. Sie haben ja viel zu verlieren.

Weil in fast allen Gremien, die etwas zu sagen haben, Männer sitzen, die von einer traditionellen Rollenverteilung profitieren. Sie haben damit schließlich jemanden, der ihnen den Rücken frei hält. Weil Frauen nicht an *später* denken und die Konsequenzen ihrer Lebensentscheidungen nicht sehen wollen. Aber auch, weil in den Medien die relevanten Themen oft sehr verengt diskutiert werden.

Mir fällt seit Langem Folgendes auf: Wenn zum Beispiel in Talkshows das Thema »Krippen und Kindergartenplätze« diskutiert wird, sind sich alle schnell einig, dass diese ganz, ganz wichtig sind für das Prekariat, also die sogenannten bildungsfernen Schichten. Das ist zweifellos richtig. Ebenso richtig ist aber, dass auch die Kinder der Mittel- und Oberschicht enorm profitieren, wenn sie mit anderen Kindern zusammen sind. Sie lernen gesellschaftliche Vielfalt kennen und müssen Regeln des Zusammenlebens und Grenzen akzeptieren. Grundsätzlich bin ich der Meinung, dass es allen Kindern guttut, einen Kindergarten zu besuchen.

Wenn es um das Thema »Vereinbarkeit von Beruf und Familie« geht, ist gegen Ende der Sendung regelmäßig nur noch von den armen Alleinerziehenden die Rede, die (leider) arbeiten *müssen*. Natürlich trifft mangelnde Vereinbarkeit von Beruf und Familie Alleinerziehende besonders, aber doch nicht nur sie!

Bei diesem Thema geht es um ein generelles gesellschaftliches Problem von höchster Brisanz für weite Teile der Bevölkerung, für das Lösungen gefunden werden müssen. Es geht um drohende Altersarmut bei der Hälfte der Bevölkerung, den Frauen, ob ehemals alleinerziehend oder nicht.

Nicht nur in Talkshows, sondern auch in Artikeln und Kommentaren bekämpfen sich Vollzeitmütter und berufstätige Mütter. Der Supermutter, die offenbar vorhat, ihre vier Kinder bis zur Volljährigkeit zu betreuen, sitzt dann in Talkshows meist eine Karrierefrau gegenüber, die natürlich blendend aussieht, ihren Job spielend meistert und noch Zeit hat, ein Buch darüber zu schreiben. Dass sie das dazu dringend benötigte seltene Juwel – einen emanzipierten Partner – gefunden hat, versteht sich von selbst.

An der Lebenswirklichkeit vieler Frauen aber geht das alles vorbei. Denn Lebenswirklichkeit ist doch, dass heute jede dritte, in Großstädten jede zweite Ehe scheitert. Die Trennungszahlen bei nicht ehelichen Lebensgemeinschaften sind nicht bekannt.

Lebenswirklichkeit ist, dass es seit 2008 ein neues Unterhaltsrecht gibt, das leider von denen, die es vor allen Dingen angeht, also den Frauen, kaum zur Kenntnis genommen wird. Das Bundesverfassungsgericht geht davon aus, dass es in der Regel lebenslange Unterhaltszahlungen nicht mehr geben kann. Die dem Gesetz zugrunde liegende Vorstellung ist, dass künftig jeder Mensch, ob Mann oder Frau, sich selbst versorgen können muss und dass dies nur mit bezahlter Arbeit möglich ist.

Und Lebenswirklichkeit ist, dass Altersarmut überwiegend bei Frauen zu finden ist. Die durchschnittliche gesetzliche Frauenrente in den westlichen Bundesländern liegt bei 495 Euro pro Monat, die durchschnittliche Männerrente bei etwa 987 Euro. In den neuen Bundesländern sind es 711 Euro für Frauen und 1058 Euro für Männer.

Deshalb sollten Frauen genauso wie Männer Beruf und Familie vereinbaren können. Denn nur mit bezahlter Arbeit sind eigene auskömmliche Altersrenten zu erreichen.

Die Diskussion in den Medien, dass so wenige Frauen in Führungspositionen zu finden sind, ist wichtig und richtig. Aber sie geht trotzdem an der Realität vorbei. Woher sollen weibliche Führungskräfte denn kommen, wenn Frauen vielfach in Teilzeit oder als Minijobberin arbeiten? Wenn sie also gar nicht die beruflichen Qualifikationen erwerben können, die in Führungspositionen gefragt sind? Wer Teilzeit arbeitet, wird kaum in die Führungsebene gelangen. Deshalb müssen Frauen arbeiten können und wollen. Sie könnten zum Beispiel nach einer Elternzeit vorübergehend in Teilzeit tätig sein, um später dann die Stundenzahl wieder zu erhöhen. Das Thema »Vereinbarkeit von Beruf und Familie« ist also vielschichtig und eine zentrale Frage im 21. Jahrhundert.

Verliebt, verlobt, versorgt?

Drei Beispiele von Frauenleben, wie sie vielfach zu finden sind, verdeutlichen die Folgen bestimmter Lebensentscheidungen:

»Es gibt da eine andere.
Ich will die Scheidung.«

Tübingen, Mitte der 80er-Jahre. Melanie (25) hat sich gerade zum Examen angemeldet. Im Sommer ist es so weit. Sie wird sich bei dem Münchner Sportartikel-Hersteller bewerben, bei dem sie bereits zwei Praktika absolviert hat. Melanie holt sich im Uni-Bistro einen Kaffee und strahlt, als hätte sie ihr Diplom als Betriebswirtin schon in der Tasche. Vom Tisch nebenan kommt ein attraktives Lächeln zurück. Thomas (30) hat sein zweites juristisches Staatsexamen gerade hinter sich und einen gut dotierten Job in einem erfolgreichen mittelständischen Unternehmen mit sehr guten weiteren Aufstiegsmöglichkeiten. Aber Thomas will noch mehr: Kinder, dazu eine Frau, die sich ums familiäre Management kümmert.

Melanie vergisst Trainee-Programm und Dienstwagen. Warum denn nicht ein Leben als Ehefrau und Mutter mit statusträchtigem Haushalt? Die nur hin und wieder jobbt, um Geschenke für die Familie auch mal selbst bezahlen zu können?

Das Ende kommt kurz nach ihrem 55. Geburtstag. Da eröffnet ihr Thomas kurz und schmerzlos: »Es gibt da eine andere Frau.

Sie erwartet ein Kind von mir. Ich will die Scheidung.« Unterhalt? Will er nicht zahlen, denn ihre drei Kinder sind längst aus dem Haus. Ein Ehevertrag, der sie finanziell absichern würde? Daran hat Melanie nicht im Traum gedacht. Damals, als alles so schön in Ordnung schien.

Sie heult sich bei einer Freundin aus. Für sie konnte Melanie immer mal als Aushilfe im Büro arbeiten. So hat sie wenigstens einige Übung am Computer und mit Internet-Recherchen. »Doll ist das natürlich trotzdem nicht«, sagt ihre Freundin. »Aber du könntest es mit einer Ausbildung zur Office Managerin versuchen. Immerhin sprichst du Englisch und Französisch und verstehst dich aufs Organisieren.«

Zwei lange Jahre dauert der Fernkurs. Dann erst wird man sehen, ob ein so später Einstieg gelingt. Ob und wie lange Thomas Unterhalt für seine Frau zahlen muss, ist im Gesetz nicht eindeutig geregelt und muss in einem langwierigen und kostspieligen Gerichtsverfahren geklärt werden.

Das Einzige, was Melanie jetzt auf ihrer Habenseite verbuchen kann, ist ihr eigener Rentenanspruch von etwa 200 Euro und die Rentenanwartschaft aus dem Versorgungsausgleich von Thomas, der ca. 750 Euro betragen wird. Nach Abzug des eigenen Kranken- und Pflegeversicherungsbeitrags hat Melanie also eine monatliche Rente von ca. 850 Euro.

»Meine Frau muss nicht arbeiten.
Ich verdiene genug.«

Anna hat gute Noten in Biologie und Chemie. Aber sie will nicht studieren, sondern schnell rein ins Berufsleben, endlich ihr eigenes Geld verdienen. Deshalb beginnt sie 1977 nach Abitur und Berufskolleg in Hamburg als chemisch-technische Assistentin in einem Labor für Lebensmittelanalysen. Ein Freund ihres Chefs, Bereichsleiter einer Weingroßhandlung, kommt auffallend häufig vorbei. Der 30-jährige Harald und Anna sind sich schon nach kurzer Zeit einig: Wir beide lieben uns und wir wollen Kinder – warum also nicht gleich? Eine gute Kita wird sich dann schon finden lassen ...

Als ihr Sohn Daniel drei Jahre alt ist, sieht sich Anna in ihrem Wohnviertel nach einer vernünftigen Ganztagsbetreuung um. Und wird angeguckt, als wäre sie aus einem Dornröschenschlaf erwacht. »Da hätten Sie sich mal melden sollen, als Sie schwanger waren«, bekommt sie immer wieder zu hören. Inzwischen erwartet sie aber schon ihr zweites Kind. Nach der Geburt von Lilly überlegen die Eltern deshalb, ob Anna länger pausieren soll als geplant. Sie liebt ihre beiden Kleinen über alles – und Harald ist stolz, dass sie bei seinem Gehalt von damals 6000 D-Mark nicht unbedingt mitverdienen muss. Lange Zeit bleiben sie eine glückliche Familie mit klar verteilten Aufgaben. »Bei uns ist's eben ganz wie früher«, lacht Anna, wenn sie ihre berufstätigen Freundinnen trifft.

Jahre später dann der Anruf, der alles verändert: »Ihr Mann – kommen Sie schnell.« Harald hat einen Herzinfarkt, den er nicht überlebt. Weil Daniel und Lilly längst ohne sie klarkommen, versucht Anna mit 50 einen Neustart als CTA. Vergeblich. Der Beruf ist ein ganz anderer nach all den Jahren, und sie kennt sich mit den Computerprogrammen nicht aus. Damit sie überhaupt etwas zu tun hat, arbeitet sie stundenweise als Regalauffüllerin in einem Drogeriemarkt. Neben der Witwenrente von ca. 900 Euro (60 Prozent der Rente ihres Mannes abzüglich eigenem Kranken- und Pflegeversicherungsbeitrag) bleiben ihr noch zwei Lebensversicherungen, die ihr Mann abgeschlossen hatte. 100 000 Euro fließen ihr daraus zu. Wenn sie die sicher (dafür gibt es derzeit etwa 2 Prozent) anlegt, kann sie den Fehlbetrag von geschätzten 800 Euro monatlich ungefähr 11,6 Jahre lang ausgleichen. Entnimmt sie nur 500 Euro monatlich, reicht das Geld ca. 20 Jahre. Im ersteren Fall ist sie

62 Jahre alt, wenn das Geld aufgebraucht ist, im letzteren 70 Jahre. Was macht sie dann?

Kommt sie selbst ins Rentenalter, erhält sie zusätzlich zur Witwenrente eine kleine Rente von ca. 300 Euro aus eigener Berufstätigkeit und Anrechnung der Kindererziehungszeiten.

Die Folgen
einer falschen Entscheidung

30 Jahre lang war Agnes mit Hans-Dieter verheiratet, glücklich, wie sie immer wieder betont. Die zwei Kinder und sein gutes Einkommen als verbeamteter Chemiker verführten Agnes dazu, ihren einstmals erlernten Beruf als Direktrice nicht auszuüben. Warum auch? Die Vorteile überwogen doch: Die Familie, ihr ehrenamtliches Engagement im Kirchenvorstand und diverse Hobbys füllten sie voll und ganz aus.

Hans-Dieter aber war offenkundig nicht ganz so glücklich, denn vor acht Jahren verliebte er sich in eine sehr viel jüngere Frau und trennte sich von Agnes. Scheiden lassen wollten sich aber beide nicht. Hans-Dieter konnte so in der für ihn sehr günstigen Steuerklasse III bleiben, Agnes profitierte weiterhin von der Beihilfeberechtigung. Das heißt, als Ehefrau eines Beamten musste sie nur 30 Prozent ihres (privaten) Krankenversicherungsbeitrags selbst bezahlen, 70 Prozent bezahlte die Beihilfe.

Das hätte noch ewig so weitergehen können, meinte Agnes. Aber, für sie völlig überraschend, verlangte Hans-Dieter nun doch die Scheidung. Seine junge Lebensgefährtin war schwanger und wollte unbedingt heiraten.

Und nun tauchen zwei Probleme auf: Hans-Dieter hat sich nicht korrekt verhalten, indem er weiterhin in der Steuerklasse III blieb. Voraussetzung dafür ist nämlich nicht nur, dass der Steuerpflichtige verheiratet ist. Er muss in den betreffenden Jahren auch mit seiner Ehefrau zusammengelebt haben. Hans-

Dieter hätte also korrekterweise nach der Trennung sofort in die Steuerklasse I wechseln müssen. Jetzt kann es sein, dass er Steuern nachzahlen muss.

Und für Agnes wird das lange Festhalten an einer nicht mehr existierenden Ehe zu einem echten Problem. Denn mit der Scheidung verliert sie die Beihilfeberechtigung, das heißt, sie muss in ihrer privaten Krankenversicherung ab sofort den vollen Tarif bezahlen. Und das wird in ihrem Alter (62) richtig teuer!

Hätten sich die beiden vor acht Jahren, als sie sich tatsächlich trennten, auch scheiden lassen, wäre für Agnes noch der Weg in die deutlich günstigere gesetzliche Krankenversicherung offen gewesen.

Das Beispiel zeigt, welche Schwierigkeiten sich durch solche sogenannten abgeleiteten Absicherungen ergeben können. Denn sie funktionieren nur, solange eine Ehe hält. Und das ist heute in vielen Fällen nicht mehr gegeben.

Melanie, Anna und Agnes haben ihre Entscheidung, nicht berufstätig zu sein, vor 25 bis 30 Jahren getroffen. Sie gehören also einer Generation an, in der es der Normalfall war, dem Mann den Rücken frei zu halten und sich ganz der Familie zu widmen.

Wie hieß es sogar noch bis 1977 im Bürgerlichen Gesetzbuch unter § 1356: »Die Frau führt den Haushalt in eigener Verantwortung. Sie ist berechtigt, erwerbstätig zu sein, soweit dies mit ihren Pflichten in Ehe und Familie vereinbar ist.«

Also sind solche und ähnliche Lebensläufe bei Frauen dieser Generation sehr üblich und noch nachvollziehbar.

Aber wie sieht es heute aus? Erschreckendes zeigen die nachfolgenden Ergebnisse der Untersuchung »Die Generation Mitte – Lebenssituation, Hoffnungen und Sorgen der 30- bis

59-Jährigen« des Instituts für Demoskopie Allensbach vom Juli 2013. Die Studie stützt sich auf eine Repräsentativbefragung von 1420 Personen im Alter zwischen 30 und 59 Jahren. Unter der Rubrik »Berufsausstieg ist nach wie vor weiblich« wurde gefragt, ob wegen der Kinder auf eine (volle) Berufstätigkeit verzichtet wurde. Die Antworten sprechen für sich:

Von den zurzeit berufstätigen 30- bis 59-jährigen Frauen arbeiten lediglich
- 50 Prozent 36 Stunden und mehr,
- 33 Prozent arbeiten weniger als 30 Stunden.

Dieses Stundenkontingent liegt deutlich unter dem der gleichaltrigen Männer. Entsprechend liegen die aufgelaufenen Rentenansprüche bei Frauen der mittleren Generation weiter unter dem Niveau der gleichaltrigen Männer.

Diese beruflichen Lebensläufe von Frauen hängen auch mit den gesellschaftlichen Leitbildern für die Vereinbarkeit von Familie und Beruf zusammen. In Deutschland dominiert – anders als in anderen europäischen Ländern – die Vorstellung, dass sich beide Bereiche am besten durch eine Arbeitsteilung in der Familie vereinbaren lassen, bei der sich ein Partner auf den Beruf konzentriert, der andere auf die Familie. Dabei ist laut Umfrage die Rollenverteilung fest gefügt:
- 45 Prozent der Eltern in der mittleren Generation finden es ideal, wenn der Mann Vollzeit und die Frau Teilzeit arbeitet.
- Weitere 16 Prozent favorisieren einen völligen Berufsverzicht der Frauen.
- Lediglich 18 Prozent ziehen eine Vollzeittätigkeit beider Partner und entsprechend auch eine gleichgewichtige Aufteilung von Haushalt und Kindererziehung vor.

- Nur 30 Prozent der Mütter, die ganz oder teilweise aus dem Beruf ausgestiegen sind, planen, später wieder Vollzeit einzusteigen.
- 26 Prozent streben auch mittel- und langfristig eine Teilzeitstelle an,
- 23 Prozent wollen überhaupt nicht in den Beruf zurück kehren.

Betrachtet man diese Bestandsaufnahme der »Generation Mitte«, denkt man zunächst: Aber bei den jungen Frauen ist es doch wohl ganz anders?

Für die Studie »Frauen auf dem Sprung« des Wissenschaftszentrums Berlin für Sozialforschung (WZB) im Auftrag der Zeitschrift *Brigitte* wurden 2007 über 1000 junge Frauen zwischen 20 und 30 befragt. 2009 und 2013 erfolgte eine erneute Umfrage.

Das aufsehenerregende Ergebnis: Fast 90 Prozent der jungen Frauen möchten finanziell unabhängig sein, und zwar vom Partner und vom Staat. Gefragt ist eine gleichwertige Partnerschaft, das Modell des Mannes als Ernährer hat für sie ausgedient. Sie möchten ihr eigenes Geld verdienen. Vereinbarkeit von Beruf und Familie sind ihnen wichtig.

Dieses Ergebnis ließ hoffen. Zwischen Anspruch und Realität klafft jedoch eine große Lücke. Finanzielle Unabhängigkeit kann es natürlich nur geben, wenn Frauen ihren Beruf ohne zu lange Unterbrechungen ausüben.

Leider ist jedoch festzustellen, dass es gerade unter gut ausgebildeten jungen Frauen in großen Städten eine Art Rückwärtsbewegung – einen »Backlash« gibt. Da ziehen sich zu viele Frauen wieder zurück auf die traditionelle Rolle der Hausfrau und Mutter: Die Abhängigkeit vom alleinverdienenden Ehemann stellt anscheinend kein Problem dar. Sich im Beruf zu qualifizieren und zu beweisen, eigenes Geld zu verdienen, auf eigenen Füßen zu stehen, ist für sie kein Lebensziel.

Warum es diese Rückwärtsbewegung gibt, dazu existieren unterschiedliche Ansichten. Dr. Lore Maria Peschel-Gutzeit, Fachanwältin für Familienrecht in Berlin, hält in ihrem Buch *Selbstverständlich gleichberechtigt* eine überdurchschnittliche Anspruchshaltung von Frauen an sich selbst für den Beweggrund, der durch die Medien noch verstärkt wird: Wichtig ist ein stets perfektes Äußeres, dazu ein schlanker, durchtrainierter Körper. Natürlich hat diese Powerfrau einen tollen Job mit Supergehalt, ein gepflegtes Haus, mehrere Kinder, eine harmonische Ehe mit einem gut verdienenden Mann, der eine großartige Karriere hinlegt, und sie ist selbstverständlich die perfekte Geliebte. Außerdem kümmert sie sich noch um Freunde und die restliche Familie. Das sind Träume aus einer Fantasiewelt, die von einer Normalfrau nicht zu realisieren sind, sagt Peschel-Gutzeit.

Bascha Mika wiederum findet in ihrem Buch *Die Feigheit der Frauen*, dass es immer schon ein weibliches Erfolgsrezept war, sich abhängig zu machen. Es sei bequem, einen Weg zu wählen, den man kennt. Denn dann müsse man auf keine Privilegien verzichten, sich nicht auf unbekanntes Terrain wagen, wo Frauen möglicherweise kalter Wind um die Ohren pfeift.

Gerade junge Frauen, meint Bascha Mika, seien gefährdet. Sie halten sich für emanzipiert und cool und wählen dann doch ein Leben wie ihre Mütter und Großmütter.

Wieder andere, wie Manfred Zentner, Geschäftsführer des in Hamburg und Wien ansässigen Jugendmarktforschungsinstituts t-factory, meinen, dass die »erschöpften, doppelbelasteten Mütter«, die diese Generation von Frauen großgezogen haben, prägend wirken. Die Töchter hätten nun die Vorstellung, dass sie diese Art von Leben nicht möchten. Statt sich für andere Verhältnisse einzusetzen, klinken sich die jungen Frauen lieber aus und ziehen sich zurück.

Hatte also die französische Schriftstellerin, Philosophin und Feministin Simone de Beauvoir doch recht, als sie schon vor fünfzig Jahren sagte: »Frauen akzeptieren die untergeordnete Rolle, um den Anstrengungen aus dem Wege zu gehen, die mit der Gestaltung eines authentischen Lebens verbunden sind«?

Drei Frauen im Alter zwischen 20 und 30 stehen mit ihrem immer noch traditionellen Lebensentwurf für viele andere:

Ganz für die Familie da sein

Die 24-jährige Sina sitzt mit ihrer etwa dreijährigen Tochter neben mir im Sprechzimmer meines Arztes. »Toll, wie Sie das alles schaffen, mit Beruf und Kind«, meint die Arzthelferin, die ganz selbstverständlich davon ausgeht, dass Sina berufstätig ist. Worauf die junge Mutter antwortet: »Aber mein Kind ist mein Beruf. Ich will doch keinen von diesen entfremdeten Jobs, wo ich meine Tochter nur morgens und abends zu sehen bekomme. Das war bei meiner Mutter so, und das hat mir gereicht. Mein Mann, der sorgt schon gut für uns, da tu ich mir das mit einer festen Stelle nicht an.«

Vor ihrer Ehe hat Sina als Sekretärin gearbeitet. Aber das wollte sie von vornherein nur vorübergehend machen. »Ganz für die Familie da sein«, das sei schon immer ihr Lebensziel gewesen, erzählt sie mir. Auch ihrem Mann, einem gut bezahlten Ingenieur, habe das von Anfang an gefallen: »Jetzt sind wir beide rundum zufrieden. Ich versorge meine Familie und den ganzen Haushalt wirklich gern. Und mein Mann ist froh, dass er so eine Frau wie mich hat.«

900 Euro mehr in der Tasche –
ohne große Anstrengung

Meine Physiotherapeutin Klara verabschiedet sich eines Tages von mir: »Ich werde heiraten. Mein Zukünftiger und ich, wir möchten bald ein Kind – und dann bleibe ich eh zu Hause. Es lohnt sich nämlich sowieso nicht, weiter zu arbeiten.« Ich habe wohl ziemlich verdutzt geguckt, denn Klara setzt sofort nach: »Robert hat es genau ausgerechnet. Er verdient ungefähr 55 000 Euro im Jahr. Wenn ich nicht arbeite, hat er durch das Ehegattensplitting monatlich etwa 460 Euro mehr im Portemonnaie. Außerdem bin ich mit dem Kind beitragsfrei in seiner Krankenversicherung mitversichert. Und wenn ich vielleicht noch so einen 450-Euro-Job annehme, haben wir im Monat etwa 900 Euro mehr in der Tasche. Ohne dass wir uns groß anstrengen müssen.«

Zuerst Studium, dann Minijob

Nadja, 30, bittet mich in einem Shopping-Center um ein Interview für ein Marktforschungsinstitut. Wir kommen ins Reden. Nadja hat Soziologie studiert, doch die Arbeit als Kontakterin in einer Werbeagentur war ihr schnell zu stressig. Patrick, ihr jetziger Ehemann, kam deshalb wie gerufen. Sie schmiss ihren Job in der Agentur, die beiden heirateten und hatten bald ihre zwei Wunschkinder. Nadja blieb zu Hause und kümmerte sich auch noch um ihre Schwiegermutter, die nebenan wohnte. Erst als Patricks Firma Insolvenz anmeldete und ihm die Kündigung schickte, ging auch Nadja sicherheitshalber auf Suche – nach einem Minijob in der Marktforschung. Mehr war nicht drin für sie: »Ich bin beruflich einfach nicht mehr auf dem Laufenden. Wenigstens hat Patrick inzwischen wieder Fuß gefasst.«

Was Sina, Klara und Nadja später einmal, im Rentenalter, zu erwarten haben? Keine der drei jungen Frauen macht sich darüber früh genug Gedanken. Sie steigen aus, bevor sie überhaupt richtig eingestiegen sind. Offenbar betrachten sie die

Ehe immer noch als Altersversorgungsmodell. Trotz hoher Scheidungsziffern, trotz geändertem Unterhaltsrecht.

Warum entscheiden sich immer noch so viele Frauen für diesen Weg, und warum ist ihnen trotz aller Lippenbekenntnisse finanzielle Unabhängigkeit nicht so wichtig?

Warum sehen viele Frauen die Möglichkeit, einen Beruf *und* Familie zu haben, nur als Belastung und nicht als Chance? Kinder brauchen nur für begrenzte Zeit eine Rundumbetreuung, ein Frauenleben aber ist unter Umständen lang. Eine heute 35-Jährige hat die Aussicht, mehr als 90 Jahre alt zu werden. Was macht sie in diesen vielen Jahren, wenn die Kinder längst aus dem Haus sind? Was ist, wenn die Ehe scheitert? Und, vor allem, wovon lebt sie?

Eine Studie des Bundesfamilienministeriums für Familie, Senioren, Frauen und Jugend zeigt deutlich: In den Monaten vor der Eheschließung machen sich Frauen und Männer Gedanken über die Wahl des Familiennamens und – natürlich – über die Vorbereitung des Hochzeitsfestes, eventuell noch über die steuerlichen Gestaltungsmöglichkeiten. Das ist verständlich, und dagegen ist auch nichts einzuwenden.

Beunruhigend ist aber, dass gerade junge Leute nur wenig Ahnung von den rechtlichen Rahmenbedingungen und den Konsequenzen einer Ehe haben. Weit abgeschlagen steht zum Beispiel die Frage, ob ein Ehevertrag sinnvoll ist oder nicht. Viele wissen nicht einmal, dass es so etwas überhaupt gibt, geschweige denn, was man dabei beachten sollte.

Nur 11 Prozent der Verheirateten im Alter von 18 bis 29 wissen, was ein gesetzlicher Güterstand ist. Nur ein Viertel der Verheirateten hat sich vor der Ehe über steuerrechtliche, vermögensrechtliche, erbrechtliche, versorgungsrechtliche und unterhaltsrechtliche Aspekte informiert. Und die existenziellen Risiken, die Frauen in nicht ehelichen Lebensgemeinschaften eingehen, wenn sie aus dem Beruf aussteigen und sich der Familie widmen, werden meist ausgeblendet. Ganz offenbar lebt man erst einmal im Hier und Jetzt und will sich mit möglichen negativen Szenarien in der Zukunft nicht beschäftigen.

Nirgendwo ist mein Lieblingsspruch »Lieber jetzt unromantisch als später arm« besser angebracht als an dieser Stelle. Denn Entscheidungen für eine Partnerschaft, für Kinder, für einen Ausstieg aus dem Beruf haben nicht nur unmittelbare Folgen. Sie haben, gerade für Frauen, Auswirkungen auf das gesamte vor ihnen liegende Leben.

Wenn sich also junge Frauen mehr Gedanken machen würden über ihre Zukunft, über die langfristigen Folgen ihrer Entscheidungen und ihres Handelns, und wenn sie Partnerschaft und Familienplanung etwas nüchterner betrachten würden, wäre sicherlich vieles ganz anders.

Die Kosten einer Hausfrauenehe

Was Verzicht auf bezahlte Arbeit, also Abhängigkeit von einem Partner, letztendlich kostet oder kosten kann, haben die Beispiele von älteren und jüngeren Frauen gezeigt. Die andere Seite der Medaille sind die Kosten, die der gesamten Gesellschaft durch die Hausfrauenehe entstehen.

»Es geht Sie einen feuchten Kehricht an, wie meine Frau und ich unser Leben einrichten«, schrieb mir einmal ein Mann, nachdem ich mich in einem Artikel gegen das Ehegattensplitting ausgesprochen hatte.

In einem freien Land kann natürlich jeder sein Leben so einrichten, wie er oder sie das will. Dass uns das nichts angeht, gilt aber nur, solange es nicht von der Allgemeinheit mitfinanziert wird. Dies ist jedoch durchaus der Fall. Denn für jede Ehe, in der es einen Hauptverdiener (meistens der Mann) und eine Nichtverdienerin (also eine Hausfrau) oder Zuverdienerin gibt, werden wir als Steuer- und Rentenzahler und auch als gesetzlich Krankenversicherte ordentlich zur Kasse gebeten.

Ich zeige einmal am Beispiel eines typischen Lebenslaufs auf, wie das Subventionsmodell Ehe durch Ehegattensplitting, beitragsfreie Mitversicherung und Witwenrente finanziert wird: Hanna studiert, arbeitet ein paar Jahre, lernt dann Robert kennen, die beiden heiraten. Sie gibt ihren Beruf auf und arbeitet nur noch auf Minijob-Basis für 450 Euro im Monat. Ihr Mann sitzt Vollzeit im Büro. Was kostet das die Allgemeinheit?

Studium

Ein durchschnittliches Studium schlägt mit ca. 30 000 Euro zu Buche. Der Staat finanziert die Ausbildung an Universitäten, weil das Geld – so zumindest die Idee – in einem anschließenden Arbeitsleben durch Steuer- und Sozialabgaben zurückkommen soll. Das Modell funktioniert in diesem Fall allerdings nicht, weil bei einem Minijob ja keine nennenswerten Steuern und Sozialbeiträge anfallen.

Ehegattensplitting

Ein verheiratetes Paar profitiert vom Ehegattensplitting. Ob die Eheleute Kinder haben oder nicht, spielt keine Rolle. Das Splitting ist besonders lukrativ, wenn einer der Partner gut verdient (meistens der Mann) und seine Frau wenig oder gar nichts.

Angenommen Robert, der Ehemann, hat ein zu versteuerndes Jahreseinkommen von 60 000 Euro. Durch das Ehegattensplitting ergibt sich eine Steuerersparnis von jährlich 5845 Euro plus 321 Euro Solidaritätsbeitrag, macht insgesamt 6166 Euro. Er hat dadurch also monatlich 513,83 Euro mehr in der Tasche als ein Single mit dem gleichen Gehalt. In 30 Jahren sind das 184 980 Euro, geschenkt vom Staat nur dafür, dass seine Frau nicht berufstätig ist.

Ein Argument, das dann oft zu hören ist: »Na und, die Frauen ziehen schließlich die Kinder groß …« Aber etwa 40 Prozent der vom Ehegattensplitting begünstigten Ehen haben keine Kinder – oder keine mehr – zu versorgen!

Beitragsfreie Mitversicherung
in der Krankenkasse

Hanna ist nicht berufstätig, also ist sie in der gesetzlichen Krankenversicherung ihres Mannes mitversichert, ohne dass ihm zusätzliche Kosten entstehen. Das heißt, nur ihr Mann zahlt Beiträge für seinen Verdienst, aber seine Frau hat den gleichen Anspruch auf ärztliche Versorgung wie er. Für die Berechnung dieses Vorteils habe ich den Extra-Beitrag zugrunde gelegt, den Menschen an die gesetzliche Kranken- und Pflegeversicherung zahlen, die kein Einkommen haben, aber nicht kostenlos familienversichert sind: zurzeit 137,33 Euro im Monat. In unserem Beispiel summiert sich das in 30 Jahren auf 49 438 Euro, die das Ehepaar nicht zahlen muss.

Witwenrente

Nehmen wir einmal an, Hanna ist 63 Jahre alt, als ihr Mann stirbt. Er hat sich eine Rente von monatlich ca. 1600 Euro aufgebaut. Davon bekommt Hanna 60 Prozent Witwenrente (dieser Satz gilt für Ehen, die vor 2002 geschlossen wurden, inzwischen liegt er bei 55 Prozent). Das macht 960 Euro monatlich und lebenslang. Wenn Hanna noch 25 Jahre bis zu ihrem Tod bleiben, summiert sich das immerhin auf ca. 288 000 Euro. Und das, obwohl sie selbst kaum etwas in die gesetzliche Rentenversicherung eingezahlt hat.

Aus ihrem Minijob bekommt Hanna außerdem noch eine eigene Minirente von ca. 70 Euro im Monat. Dafür hat sie ebenfalls nichts eingezahlt, sondern ausschließlich ihr Arbeitgeber hat Beiträge entrichtet.

Übrigens: Eigene Einkünfte der Ehefrau werden bei der Witwenrente gegengerechnet, aber nur dann, wenn der Freibetrag von 755,30 Euro überschritten ist.

Eine Angestellte, die 45 Jahre lang in die gesetzliche Rentenversicherung eingezahlt hat, bekommt unter Umständen weniger Rente als eine Witwe. Besonders drastisch wird das Beispiel, wenn ich Hanna mit einer kaufmännischen Angestellten vergleiche, die 45 Jahre lang berufstätig war. Hat diese Frau zum Beispiel ein monatliches Bruttogehalt von 2018 Euro bezogen, und beendet sie mit 63 Jahren ihr Berufsleben, kommt sie gerade mal auf eine Rente von 839 Euro. Dafür hat sie (mit dem Arbeitgeberanteil) insgesamt 216 854 Euro in die gesetzliche Rentenversicherung eingezahlt – ein nicht unerheblicher Beitrag zum Auffüllen jener Kasse, aus der die Hausfrauenehe subventioniert wird.

In unserer Beispielrechnung wird also insgesamt mehr als eine halbe Million Euro von den Sozialversicherungen und vom Staat, also von uns Beitrags- und Steuerzahlern, in das Modell Zuverdienerehe investiert.

Wer glaubt, diese sei ein Auslaufmodell für Oldies, täuscht sich. Wie oft sagen mir in meinen Beratungen gerade auch jüngere Frauen: »Mein Mann will nicht, dass ich berufstätig bin, weil sich das nicht rechnet.« Natürlich rechnet sich das nicht, bei derart großzügiger Subventionierung!

Der haarsträubende Widerspruch ist, dass das geltende Steuer- und Sozialrecht den Ausstieg aus dem Beruf belohnt. Dabei sind Frauen heute so gut ausgebildet wie nie zuvor. Die dringend benötigten Fachkräfte – sie sitzen vielfach zu Hause! Das ist eine Vergeudung wertvoller Ressourcen und ein volkswirtschaftlicher Unsinn ohnegleichen. Höchste Zeit also, nicht mehr zeitgemäße Subventionen zu streichen und das Geld dort zu investieren, wo es dringend benötigt wird: in Kinderbetreuungsmöglichkeiten, in Ganztagsschulen, in Bildung und für

Familien ganz allgemein. Familien sind dort, wo Kinder sind. Also würden auch Alleinerziehende und nicht nur Verheiratete davon profitieren.

In anderen Ländern sind Ehegattensplitting, beitragsfreie Mitversicherung und Witwenrente längst abgeschafft, wenn es sie überhaupt je gegeben hat. Dort gilt fast durchgängig das Prinzip der individuellen Besteuerung und der gerechten Beitragsbemessung.

Auch bei uns kommt jede Expertenkommission zu dem Ergebnis, dass diese Maßnahmen teuer sind und nicht mehr ins 21. Jahrhundert passen. Und trotzdem wurden diese Leistungen bei uns bisher nicht abgeschafft. Weil es in den Reihen der Politiker mehr Männer als Frauen gibt. Und weil es sich dabei überwiegend um eine Generation von Männern handelt, deren Frauen meist nicht oder nur geringfügig erwerbstätig sind. Sie profitieren also von diesen Leistungen.

Außerdem wissen alle Politikerinnen und Politiker, dass sie bei Wahlen abgestraft werden, wenn sie diese alten Zöpfe abschneiden wollen.

Es ändert sich aber auch deshalb nichts, weil die Frauen sich nicht dagegen wehren. Obwohl sie wissen müssten, dass solche Modelle nur funktionieren, solange eine Ehe hält. Hält sie nicht, sind überwiegend sie die Leidtragenden.

Liebe und Macht

Renate Schmidt

Früher haben Männer ihre Macht durch körperliche Stärke demonstriert. Das kommt heute nicht mehr so gut an, deshalb wird Macht durch materielle Überlegenheit ausgeübt, ganz nach dem Motto: Von mir hängt das Wohlergehen, der Wohlstand unserer Familie ab.

Das haben Männer jahrhundertelang so gelernt und von ihren Vätern übernommen. So kann sich ein Mann durchaus vorstellen, eine gut verdienende Frau zu haben, aber auf keinen Fall eine, die besser verdient als er. Da geht es ihm übrigens ähnlich wie ihr: Frauen wollen zeigen, was sie können, wollen für ihre Arbeit auch materielle Anerkennung bekommen. Aber bei der Partnerwahl entscheiden sie sich überwiegend für einen Mann, der besser oder ebenso viel verdient wie sie.

Wenn der Arzt die attraktive Krankenschwester heiratet, ist das völlig normal, und auch seine Eltern werden ihn dafür nicht kritisieren. Wenn die Ärztin den attraktiven Krankenpfleger heiraten will, wird sie von Freundinnen und Freunden und von ihrer Familie zu hören bekommen, ob das denn nun wirklich sein müsse und ob sie nicht einen netten Arzt hätte finden können, besser noch einen Chefarzt.

Das ist im Übrigen die Crux der heute gut ausgebildeten Frauengeneration: Die Partnersuche konzentriert sich auf das gleiche Bildungs- und möglichst höhere Einkommensniveau.

Aufgrund der guten Ausbildung der Frauen sinkt deshalb die Zahl der passenden Männer dramatisch. Daher haben Karrierefrauen jenseits der 35 ähnlich schlechte Heiratschancen wie männliche Hartz-IV-Empfänger.

Auch Frauen haben dies lange akzeptiert und eigene Machtstrukturen aufgebaut. Sie erklären sich zu den allein oder mindestens vorrangig Zuständigen für alles, was in der Familie und im Haushalt geschieht, nach dem Motto vergangener Zeiten »Und drinnen waltet die züchtige Hausfrau«.

Junge Väter von heute wollen mehr Zeit mit ihren Kindern verbringen und tun das auch. Zwei Monate Elternzeit nehmen rund ein Viertel (27 Prozent) der Väter in Anspruch. Die Vorstellung allerdings, in dieser Zeit nicht nur die Kinder zu betreuen, sondern auch noch die Hausarbeit zu erledigen, ist ihnen eher fremd. Und die Mütter wehren sich nicht gegen diese Auffassung von Arbeitsteilung, denn das würde für sie bedeuten, ihre Machtposition aufzugeben.

Beide Machtpositionen – die männliche und die weibliche – schaffen in einer Partnerschaft Abhängigkeiten. Sie ist von ihm abhängig, wenn es um das materielle Wohlergehen der Familie geht. Er ist von ihr abhängig, wenn es um sein tägliches Wohlbefinden geht.

Interview mit
Dr. Lore Maria Peschel-Gutzeit

Helma Sick

Lore Maria Peschel-Gutzeit, Fachanwältin für Familienrecht in Berlin, war alleinerziehende Mutter von drei Kindern. Nach einem beruflichen Start als Familienrichterin wurde sie erste Senatspräsidentin am Hanseatischen Oberlandesgericht, später Justizsenatorin in Hamburg und Berlin. Als Mitglied der Verfassungskommission wirkte sie an dem seit 1994 gültigen Gesetzeszusatz mit, der die staatliche Förderung der Gleichberechtigung von Frauen und Männern festschreibt. Außerdem hat sie ein Buch zum Thema Gleichberechtigung verfasst.

Auf das Beste hoffen,
aber auf das Schlechteste vorbereitet sein

Helma Sick: Wäre das nicht ein guter Leitspruch für Lebensgemeinschaften? Denn in Großstädten scheitert ja mittlerweile jede zweite Ehe. Beziehen Frauen diese Tatsache in ihre Lebensplanung ein, treffen sie Vorsorge?

Lore Maria Peschel-Gutzeit: Leider nicht! Ich erlebe immer wieder, dass Frauen keinen Lebensplan haben. Das ist bei Männern anders. Auch bei ihnen ist der Plan zwar oft nicht ausgefeilt, aber sie wissen in etwa, wohin sie wollen. Es gibt eine Studie des Deutschen Jugendinstituts, in der 16-jährige Jungs nach ihren Plänen gefragt wurden. Die Antworten: Ich möchte einen guten Job, der mich und meine Familie ernährt, in dem ich Karriere machen kann, und eine Partnerin, mit der ich Kinder haben kann.

Sick: Der Beruf steht also bei Männern an erster Stelle!

Peschel-Gutzeit: Meine Erfahrung ist: Frauen lassen lieber alles offen, sie bleiben unverbindlich, auch sich selbst und ihrem Leben gegenüber. Viele Frauen meinen, dass man vertraglich ausschließlich Vermögensverhältnisse regelt. Das ist ja auch häufig so, vor allem, wenn ein reicher Erbe viel Geld in die Ehe mitbringt. Dann wird meist Gütertrennung vereinbart, damit das Geld »in der Familie« bleibt.

Abgesehen davon ist es aber viel wichtiger, die generelle Aufgabenverteilung in einer Partnerschaft vertraglich zu regeln, denn darin liegt doch häufig der Anlass für Streit. Jede Partnerschaft beinhaltet Risiken. Man kann aber die Risiken minimieren, wenn man gleich zu Anfang die Karten auf den Tisch legt und die Eckpunkte des Zusammenlebens vereinbart.

Nach meiner Erfahrung könnten viele Konflikte und vielleicht sogar manche Trennungen vermieden werden, wenn bestimmte Fragen schon zu Beginn der Partnerschaft geklärt würden.

Sick: Was sollte da besprochen werden?

Peschel-Gutzeit: Das fängt schon mit den Konten an. Viele Paare richten gemeinsame Konten ein. Gibt es Streit, kann es sein, dass plötzlich kein Geld mehr auf das Konto fließt. Oder ein Partner erteilt dem anderen eine Vollmacht fürs Konto. Im Konfliktfall kann es sein, dass die Vollmacht widerrufen ist oder das Konto gar nicht mehr existiert. Auch die Kreditkarte, die ein Mann seiner Partnerin zur Verfügung stellt, kann schnell jeglichen Wert verlieren.

Besser wäre es, wenn jeder der Ehepartner ein eigenes Konto hat und jeder seinen Anteil am gemeinsamen Budget auf ein gemeinsames Konto einzahlt, von dem dann die gemeinsamen Zahlungen erfolgen.

Sick: Das kann ich aus meiner Erfahrung nur bestätigen. Was ist noch wichtig?

Peschel-Gutzeit: Wer trägt wie viel zum gemeinsamen Budget bei, wer verwaltet die gemeinsamen Finanzen, und wie wird das gemacht? Was passiert, wenn einer seinen Anteil nicht zahlen kann?

Will das Paar Kinder? Wenn ja, wer von beiden bleibt eine Zeit lang zu Hause? Und wie lange? Oder teilen sich beide die Elternzeit und arbeiten in dieser Phase Teilzeit? Wer bleibt zu Hause, wenn das Kind krank wird? Wer holt es von Freunden ab oder bringt es zum Sport? Wie soll der finanzielle Ausgleich aussehen, den derjenige bekommt, der zu Hause bleibt? Denn in dieser Zeit hat der oder die Betreffende ja nichts verdient, nicht in die gesetzliche Rentenversicherung oder in ein Versorgungswerk eingezahlt. Es muss also ein Ausgleich geschaffen werden. Es sollte auch besprochen werden, wie der Ausgleich erfolgen soll: Gibt es einen festen monatlichen Betrag oder eine einmalige Summe? Soll in eine private Rentenversicherung eingezahlt werden oder in Fonds?

Sick: Nach dem im Januar 2008 verabschiedeten Unterhaltsrecht gibt es keine lebenslangen Unterhaltszahlungen mehr oder nur noch in Ausnahmefällen. Das neue Recht fordert mehr Eigenverantwortung – von beiden Eheleuten. Jeder sollte berufstätig sein und schon heute dafür sorgen, im Falle einer Scheidung nicht mittellos dazustehen. Was sollten besonders Frauen beachten?

Peschel-Gutzeit: Jede Frau muss erwerbstätig sein und damit für ihren Lebensunterhalt selbst sorgen. Allenfalls für bis zu drei Jahre nach der Geburt eines Kindes kann es Unterhalt geben. Wer das nicht will, muss in einem Ehevertrag andere Regelungen vereinbaren. Zum Beispiel, dass die Ehefrau nur geringfügig erwerbstätig sein soll, damit sie sich um Haus und Familie kümmern kann. Der Ehemann verpflichtet sich deshalb, soundsoviele Jahre monatlichen Unterhalt in einer bestimmten Höhe zu zahlen.

Sick: Die Altersarmut von Frauen ist immer wieder Thema in den Medien. Was können und sollen Frauen tun, um sich abzusichern?

Peschel-Gutzeit: Wenn es so weiter geht mit den vielen und kleinen Teilzeitjobs, wird das Ergebnis eine alarmierende Zunahme der Verarmung von Frauen im Alter sein. Ich kann es nur immer wieder betonen: Jede Frau sollte einer bezahlten Tätigkeit nachgehen. Sie sollte nach der Geburt eines Kindes die Berufstätigkeit nur so kurz wie möglich unterbrechen. Elternzeit und Elterngeld sollten nach Möglichkeit beide Ehepartner je zur Hälfte in Anspruch nehmen.

Der Ehemann sollte in die Versorgung der Kinder eingebunden werden, und es sollte schon früh für eine gute Betreuung gesorgt werden, zum Beispiel mit Krippe, Kita oder Tagesmutter. Während der Elternzeit sollte Kontakt zum Arbeitgeber gehalten werden, zum Beispiel in Form von Urlaubsvertretungen. Außerdem kann die Elternzeit für Fortbildungen genutzt werden.

Sick: Was mir Sorge macht, sind die Frauen in nicht ehelichen Lebensgemeinschaften, vor allem, wenn sie aus dem Beruf aussteigen und Kinder erziehen.

Peschel-Gutzeit: Ja, bei nicht verheirateten Eltern sind Regelungen noch viel wichtiger. Unverheiratete Mütter stehen im Fall einer Trennung deutlich schlechter da als verheiratete. Im Grundgesetz genießen Ehe und Familie besonderen Schutz, deshalb sind bei Verheirateten im Fall der Scheidung oder des Ablebens des Partners die wichtigsten Dinge geregelt, zum Beispiel Zugewinnausgleich, Versorgungsausgleich, Unterhalt oder Erbrechte.

Wenn ein Paar sich entschlossen hat, nicht zu heiraten, dann sollte die Frau, die ihren Beruf aufgibt, um Kinder großzuziehen, unbedingt die wichtigsten Dinge vertraglich regeln. Zum Beispiel wie ihre Situation aussieht, wenn er vor ihr stirbt, wie sie dasteht, wenn die Beziehung auseinandergeht, usw. Ein Partnerschaftsvertrag ist also ein *Muss*.

Sick: Denken Frauen an all das, wenn sie eine Partnerschaft eingehen?

Peschel-Gutzeit: Leider nicht. Wenn ich so etwas anspreche, dann höre ich häufig: Unsere Beziehung ist doch kein Wirtschaftsunternehmen, in dem man mit Verträgen alles regeln muss, sondern eine Liebesehe! Ich kann aber aus langjähriger Erfahrung nur sagen: Vermutlich gäbe es nicht so viele Trennungen, wenn all diese Punkte nüchterner gesehen und vorab geklärt würden – und wenn mehr Frauen bedenken würden, dass ihr Ziel sein muss, eine eigene unabhängige Existenz zu haben.

3 Reden über die Zukunft

Renate Schmidt

Eigentlich sollte vor dem Hintergrund des Interviews mit Lore Maria Peschel-Gutzeit klar sein: In jeder Partnerschaft sollten alle Eventualitäten des gemeinsamen Lebens vertraglich geregelt werden. Aber das geschieht in der Regel nicht. Warum nicht? Ein Grund ist die geringe Bereitschaft, sich mit den Realitäten auseinanderzusetzen. Die folgenden Beispiele machen das deutlich:

Wer verzichtet auf was?

Da ist der junge, karriereorientierte Timo, der sich eine ebenbürtige Partnerin wünscht, mit der er oft verreisen und das Leben genießen will. Kinder würden da nur stören. Er verliebt sich in die gut ausgebildete Laura, die sich so eine Lebensweise zwar auch gut vorstellen kann, aber nicht um den Preis, auf Kinder zu verzichten. Für diese wäre sie bereit, ihre Berufstätigkeit zu reduzieren oder ganz aufzugeben. Wie soll sie ihm die Notwendigkeit eines Partnerschafts- oder Ehevertrags klarmachen? Dazu müsste er ja erst einmal bereit sein, ihren Kinderwunsch zu akzeptieren.

Kinder ja, aber bitte keine Hausarbeit

Der deutlich weniger karriereorientierte Alex möchte zwar Kinder, kann sich aber weder vorstellen, selber Haus- und Familienarbeit zu übernehmen, noch für die materielle Versorgung der Familie allein verantwortlich zu sein. Genau das jedoch erwartet seine Frau Silvia, die doch am besten zu Hause bleiben soll, von ihm. Wie kann diese ihn von einem Partnerschafts- oder Ehevertrag überzeugen, der die Arbeitsaufteilung und die sich daraus ergebenden gegenseitigen Verpflichtungen regelt?

Was, wenn die Frau Karriere machen will?

Alicia liebt ihren Beruf und ihren Partner. Sie möchte Karriere machen und die Beziehung nicht aufs Spiel setzen. Kinder kann sie sich schon vorstellen, aber nicht um den Preis, auf ihren Beruf zu verzichten. Auch Lukas will auf jeden Fall Kinder. Er möchte sich gern zeitweise um sie kümmern, kann sich aber nicht dafür erwärmen, den überwiegenden Teil der Haus- und Familienarbeit zu übernehmen. Hin und wieder für Freunde kochen – gerne. Aber die Küche aufräumen? Eher ungern! Den Beruf für die Karriere von Alicia aufzugeben, das kann er sich in Diskussionen gut vorstellen, in der Realität eher nicht. Von wem soll in diesem Fall der Wunsch nach einem Ehevertrag ausgehen?

Vielleicht sind diese konstruierten Beispiele zu rückwärtsgewandt angesichts der schon erwähnten Studie »Frauen auf dem Sprung«, die vom Wissenschaftszentrum Berlin für Sozialforschung (WZB) im Auftrag der Frauenzeitschrift *Brigitte* erstellt wurde. Sie kommt zu dem Ergebnis, dass der Wunsch junger Frauen nach Berufstätigkeit in diesen Jahren deutlich zugenommen hat. Dies wird von jungen Männern (2012) nicht nur unterstützt, sondern sogar gefordert. Junge Männer können sich eine nicht erwerbstätige (Ehe-)Frau gar nicht mehr vorstellen. Nicht zuletzt, weil es heute für die meisten Männer nicht mehr möglich ist, die alleinige materielle Verantwortung für eine Familie zu schultern. Deshalb sollte die Partnerin auch ein möglichst gutes Einkommen haben. Vor diesem Hintergrund wäre das Problem ja gelöst bzw. träte gar nicht mehr auf.

Aber diese Entwicklung ist nur die eine Seite der Medaille. Die andere sieht in etwa so aus wie früher: Die Männer wollen zwar eine erwerbstätige, gut verdienende Partnerin. Aber dennoch sehen sie sich als der materielle Versorger. Deshalb arbeiten sie, sobald Kinder da sind, mehr als zuvor und können sich nicht vorstellen, wegen der Kinder kürzerzutreten oder Einkommenseinbußen zu akzeptieren. Ebenso wenig kommen die meisten von ihnen auf die Idee, Familien- *und* Hausarbeit für einen längeren Zeitraum als zwei »Vätermonate« zu übernehmen.

Klaus Hurrelmann, emeritierter Professor für Sozialisationsforschung und Mitautor der Shell-Jugendstudie, sagte am 13.8. 2014 in einem Interview mit dem *Handelsblatt*: »80 Prozent der Frauen wollen Familie und Beruf kombinieren. Ihnen gehen nur die jungen Männer aus, die das mitmachen, denn nur die Hälfte der Männer kann sich vorstellen, dass sie nicht nur Haupternährer sind, sondern auch in Haushalt und Familie helfen« (Book/Hergert 2014).

Trotz ihres Wunsches, Familie und Beruf vereinbaren zu können, sind Frauen häufig dazu bereit, ihre Berufstätigkeit zugunsten der familiären Arbeit zu reduzieren oder sie ganz aufzugeben, mit weniger Einkommen zufrieden zu sein und selbstverständlich den Hauptteil der Familien- und Hausarbeit zu übernehmen.

Damit sind die oben erwähnten Beispiele leider so aktuell wie eh und je. Und sollte frau doch auf die Idee kommen, eine detaillierte Absprache und vertragliche Festlegung künftiger Aufteilung von Arbeit und Einkommen zu verlangen, wird sie nachgeben, wenn er ihr zärtlich zuflüstert: »Aber Schatz, wir beide bleiben für immer zusammen und was *mein* ist, ist auch *dein*. Und über so was wie Hausarbeit streiten wir beide doch nicht, denn ich liebe dich über alles.«

Wie viele Frauen würden darauf antworten »Ich liebe dich auch, deshalb lass uns das alles jetzt klären, nur für den Fall, dass wir uns doch mal streiten«? Wohl nur wenige. Und wenn er dann sagt: »Muss das ausgerechnet jetzt sein? Ich hatte mich so auf einen schönen Abend mit dir gefreut«, ist das Gespräch für diesen Abend und für die absehbare Zukunft gelaufen.

Es geht also um Liebe, die nicht in ihren Anfängen Misstrauen säen und schon ihr Scheitern für möglich halten will, um Machtstrukturen, die nicht so schnell aus den Köpfen zu scheuchen sind, und um gesellschaftlich gewachsene und verinnerlichte Rollenbilder.

Wen wundert es vor diesem Hintergrund, dass Ehe- und Partnerschaftsverträge, mit denen die wesentlichen Punkte des Zusammenlebens geregelt werden können, immer noch eine Rarität sind. Und das, obwohl etwa 40 Prozent der Ehen geschieden werden und wahrscheinlich eine ebenso große Zahl nicht ehelicher Lebensgemeinschaften auseinandergeht.

Wie passt ein Vertrag zur Liebe?

Dies ist eine typische Frauenfrage. Männer fragen so etwas nicht. Denn für sie passen Verstand und Gefühl durchaus zusammen.

Eheverträge gab es schon immer, allerdings eher in reichen Familien, wenn die Eltern bei der Heirat der Kinder sichergehen wollten, dass das Vermögen auch nach einer Trennung in der Familie bleibt. Hier wurde oft vom wirtschaftlich Stärkeren (dem Mann) gegenüber der wirtschaftlich Schwächeren (der Frau) Druck ausgeübt. Nicht selten haben Frauen mit so einem Vertrag um des lieben Friedens willen und im Vertrauen darauf, dass die Ehe hält, auf alles verzichtet.

Bei den von uns gemeinten Ehe- und Partnerschaftsverträgen geht es weniger um die Verteilung bzw. den Erhalt des Vermögens. Es geht vielmehr um Konfliktvermeidung im Alltag und für Frauen darum, im Falle einer Trennung/Scheidung Nachteile zu vermeiden.

Ein solcher Vertrag kann also, das bestätigen Familienrechtlerinnen, durchaus entscheidend zur Stabilisierung einer Beziehung beitragen.

Das geht uns alle etwas an!

Vom Gesetzgeber werden wir verpflichtet, uns im Auto anzuschnallen und auf dem Motorrad einen Helm zu tragen. Wir

werden außerdem verpflichtet, einen Erste-Hilfe-Kurs nachzu-
weisen, wenn wir einen Führerschein erwerben wollen.

Das Risiko, einen Autounfall zu haben oder Erste Hilfe leisten zu müssen, liegt bei deutlich unter 40 Prozent. Der materielle Schaden durch Trennung oder Scheidung jedoch ist in der
Regel höher als bei einem Autounfall.

Der Staat kann einen Ehevertrag oder bei nicht ehelichen
Lebensgemeinschaften einen Partnerschaftsvertrag nicht ver-
bindlich vorschreiben. Dies wäre vermutlich nicht durchzusetzen. Wenigstens aber sollten alle, die eine Ehe oder eine
Lebenspartnerschaft eingehen, über grundlegende Dinge informiert werden, wie zum Beispiel Güterstand, Scheidungsfol-
gen, Unterhaltsrecht etc.

Außerdem müssten Paare darauf hingewiesen werden, dass
es sinnvoll ist, in einem Ehe- oder Partnerschaftsvertrag zu regeln, wer zum Beispiel wegen eines Kindes zu Hause bleibt
und wie lange, wie die häusliche Arbeitsteilung aussieht, wie
lange im Fall einer Scheidung/Trennung Unterhalt gezahlt
wird, wenn die Ehefrau länger als drei Jahre wegen eines Kindes ihre Berufstätigkeit unterbricht, wie eventuell die Renteneinbuße durch die Unterbrechung der Erwerbstätigkeit ausgeglichen werden kann.

Unbedingt notwendig ist das bei Paaren, die sich für eine traditionelle Rollenverteilung entscheiden: Er ist Hauptverdiener
und sie allenfalls Zuverdienerin.

Das existenzielle Risiko, dem sich Frauen heute bei so einem
Familienmodell aussetzen, muss durch eine vertragliche Regelung aufgefangen werden. Denn diese Lebensform ist eine private Entscheidung. Der Staat kann bei einem Scheitern nicht in
die Pflicht genommen werden.

All diese Informationen könnten zum Beispiel in Form einer
Broschüre zugänglich gemacht werden, die in stark frequen-

tierten, öffentlichen Einrichtungen ausliegt, wie zum Beispiel auf Standesämtern, der Arbeitsagentur, dem Einwohnermeldeamt usw.

Darüber hinaus könnten in den Abschlussklassen weiterführender Schulen im Sozialkundeunterricht Familienrechtlerinnen grundlegende Informationen vermitteln.

An Universitäten und Fachhochschulen wäre es eine Aufgabe für Frauenbeauftragte, einmal pro Semester einen Informationsabend zu diesem Thema anzubieten.

Vom Bundesministerium für Familie, Senioren, Frauen und Jugend könnte es für junge Leute eine einfache App über die wichtigsten Fragen zu Ehe und Familie geben.

War früher alles besser?

Ein Ausschnitt aus dem Ratgeber »Die Gute Ehe« von 1959 zeigt die Rolle einer Frau vor 55 Jahren:

Die Aufgaben einer Ehefrau

… Die Frau und das von ihr geschaffene Zuhause ist ja der Born, aus dem der Mann immer wieder Kraft schöpfen soll für seine Berufsarbeit. Lohnt es sich also nicht, sich anzupassen, sich einzufühlen und auch einmal kleine Opfer zu bringen? Dazu muss man natürlich seinen Mann studieren und wissen, was ihn stärkt und was ihn nervös macht, was seine berufliche Leistungsfähigkeit steigern könnte und was sie untergräbt. Das ist meistens gar nicht so schwer. So lassen sich die meisten Männer gern bewundern, wenn man es geschickt anfängt. Das hebt ihr Selbstbewusstsein. Sie setzen sich oft gern in Szene. Sie holen sich auch manchmal, natürlich ohne es merken zu lassen, Rat von ihrer Frau, weil sie wissen, dass eine Frau gefühlsmäßig vieles klarer sieht als sie selbst. Sie sind stolz, wenn ihre Frau die gesellschaftliche Seite ihrer Berufsarbeit geschickt bewältigt und etwa im Handumdrehen, adrett angezogen, für unangemeldet auftauchende Berufskollegen einen delikaten Imbiss auf den Tisch zaubert. Alles das muss eine Frau können. Sie muss auch, was sehr wichtig ist, eine Nase dafür haben, mit welcher Laune ihr Mann aus dem Dienst kommt, und dementsprechend »schalten«. Auch hier gibt es kein Generalrezept. Der eine liebt es, mit Pantoffeln und Hausjacke an der Entreetür empfangen zu werden, den anderen wird das zur Weißglut treiben. Dafür schätzt er es, wenn seine Frau sich in der ersten Viertelstunde nach seiner Ankunft möglichst wenig blicken lässt. Gefühl ist alles, und es kann manchmal sogar vorkommen, dass sich auch das richtig Erfühlte und Erahnte als falsch erweist. Die Ehe ist eben ein Abenteuer!

So viel Verbiegung und Unterwürfigkeit bedürfen wohl keines weiteren Kommentars. Freuen wir uns, dass diese Zeiten vorbei sind!

Früher war also gar nichts besser. Was erwarten sich Frauen und Männer dagegen heute vom Leben? Was macht sie glücklich?

Die Menschen erhoffen sich ein gelingendes und am Ende ein gelungenes Leben. Sie wollen im Leben *ihr* Glück finden – das ist nämlich etwas anderes als *das* Glück.

Was ein gelungenes Leben ist, hat sich im Lauf von nur drei bis vier Generationen grundlegend verändert.

Großmutter

Für die Generation meiner Großmutter (geboren 1893) bestand es wohl vorrangig darin, den richtigen Mann zu finden und gesunde Kinder zu bekommen. Dieser Mann war im Regelfall der erste in ihrem Leben, denn Sex vor der Ehe war ein Tabu und sehr risikoreich. Für die meisten Frauen war er auch der einzige Mann ihres Lebens, denn Scheidung war ein noch größeres Tabu. Sie bedeutete den Verlust jedweder materiellen

Sicherheit. Berufsausbildung war ja nicht vorgesehen, es genügte zu wissen, was Hausarbeit war. Die hatte es in sich und war mit schwerer körperlicher Anstrengung verbunden. Es galt, aus Wenigem etwas zu machen. Waschtage fanden einmal im Monat statt, ganz ohne maschinelle Unterstützung. Kleidungsstücke wurden weitestgehend selbst hergestellt, eventuell kam bei größeren Teilen (z. B. Mänteln) der Schneider ins Haus.

Mutter

Auch bei meiner Mutter (geboren 1923) war vieles noch ähnlich, eine Berufsausbildung gab es ebenfalls nicht. Was hätte die auch gebracht? Lebensziele waren die Heirat und eine Familie. Und »Doppelverdienertum« war bei den Nazis verboten und danach über lange Zeit auch nicht gern gesehen.

Hausarbeit und Waschtag waren bis weit in die 50er-Jahre ähnlich wie bei Großmuttern. Und schuldig geschieden zu werden bedeutete ebenfalls bis in die späten 70er-Jahre für die Frau Armut und gesellschaftliche Ächtung. Vergewaltigung in der Ehe gab es offiziell nicht, nicht weil es sie tatsächlich nicht gab, sondern weil die Frau dem Mann zur Verfügung zu stehen hatte.

Dennoch änderte sich manches. Die nach dem Krieg fehlenden Männer mussten durch Frauen ersetzt werden (die, sobald wieder genügend Männer da waren, wieder zu verschwinden hatten), Frauen standen ihren »Mann« und fanden Geschmack daran. Die Gleichberechtigung wurde im Grundgesetz verankert, aber nur schrittchenweise juristisch umgesetzt. Und so konnte mein Vater das Arbeitsverhältnis meiner Mutter ohne ihre Zustimmung kündigen. Und nur mit seiner Zustimmung durfte sie erwerbstätig sein. Meine Mutter war Pelznäherin, Laufmaschenaufnehmerin, Tankwartin, Verkäuferin, Waschmaschinenvertreterin und Reiseleiterin.

Meine Generation

Auch in meiner Generation (geboren 1943) galt manches davon noch. Zwar gingen ein paar Mädchen mehr aufs Gymnasium, es wurde üblich, eine Berufsausbildung zu haben, um mindestens erwerbstätig zu sein, bis man verheiratet war und Kinder kamen. Aber auch mein Arbeitsverhältnis hätte von meinem Mann noch bis 1977 gekündigt werden können.

Gleicher Lohn für gleiche oder gar gleichwertige Arbeit war genauso wenig verwirklicht wie die Vereinbarkeit von Kindern und Beruf. Es ging aber vorwärts. Schritt für Schritt setzten wir uns durch, ließen uns nicht mehr nur auf eine Rolle festlegen, ergriffen Berufe, die für unsere Mütter und Großmütter noch verschlossen waren.

Töchter und Enkelinnen

Für die Generationen meiner Tochter (geboren 1961) und meiner Enkelinnen (geboren 1983, 1986) sind das alles Schilderungen aus für sie unvorstellbaren Zeiten. Sie sind die Gewinnerinnen der Bildungsreformen der 68er-Jahre, haben die jungen Männer in Quantität und Qualität der Bildungsabschlüsse nicht nur eingeholt, sondern überholt. Dennoch sind sie in Führungspositionen unterrepräsentiert, und die gleiche Bezahlung für gleichwertige Arbeit gibt es immer noch nicht. Aber meine Enkelinnen würden nie darauf verzichten, einen Beruf zu haben. Immer mehr Frauen dieser Generation hingegen können sich vorstellen, keine Familie zu gründen.

Für diese fünf Frauengenerationen bedeuten Glück oder ein gelungenes Leben jeweils etwas ganz Unterschiedliches. Denn das Gelingen ist auch von den Zeiten abhängig, in die hinein wir geboren werden. Heute, in einer sehr individualisierten Gesellschaft, differenzieren sich Glücksvorstellungen und die eines gelungenen Lebens noch mehr, und dies gilt – obwohl sich für die Frauen sehr viel mehr geändert hat – auch für die Männer.

Urgroßvater, Großvater, Vater, Sohn und Enkel

Für meine Großväter wäre es unvorstellbar gewesen, ihre Kinder zu wickeln, den Kinderwagen zu schieben oder Fenster zu putzen. Für meinen Vater war es schon sehr ungewöhnlich, dass er die Hausarbeit übernahm, wenn meine Mutter am Samstag arbeiten ging. Gewickelt hat er uns aber auch nicht und Kinderwagen nur dann geschoben, wenn er mit meiner Schwester, die darin lag, Schabernack treiben wollte. Mein Mann hat mit dem Wickeln beim dritten Kind angefangen, bei den ersten beiden kamen er und auch ich nicht auf diese blendende Idee.

Bei den heutigen jungen Männern sieht es zumindest auf dem Papier anders aus. Die Männer dieser Generation halten es inzwischen für selbstverständlicher, dass auch sie für Familien- und Hausarbeit zuständig sind, und würden die anstehenden Aufgaben gern gemeinsam erledigen. Nur: Was man für selbstverständlich hält, wird deshalb noch lange nicht getan. Verbale Aufgeschlossenheit bei hinreichender Distanz zu konkretem Handeln – so könnte man dies nennen.

Tatsache ist: Gerade mal die Hälfte der Ehemänner und Väter hilft auch konkret. Uta Meier-Gräwe, Professorin für Wirtschaftslehre des Privathaushalts und Familienwissenschaften an der Justus-Liebig-Universität Gießen, kommt zu dem Ergebnis, dass 82 Prozent aller Hausarbeiten von Frauen erledigt werden. Eine Minute pro Tag trägt ein deutscher Mann durchschnittlich zur Wäschepflege bei. »Männer«, sagt deshalb Uta

Meier-Gräwe, »halten eine vornehme Distanz zum feuchten Textil, sei es Windel, Wäsche oder Wischtuch.« (Es sei denn, es handelt sich um die Pflege des Autos!)

Dies wurde 2013 durch die Studie des Wissenschaftszentrums Berlin für Sozialforschung (WZB) »Lebensentwürfe heute, wie junge Frauen und Männer in Deutschland leben wollen« erneut bestätigt.

Gemeinsam erledigen Männer und Frauen die Hausarbeit zwischen 5,9 Prozent (Wäschewaschen) über 16,5 Prozent (Putzen) und 21,2 Prozent (Kochen) bis 38,8 Prozent (Einkaufen). Allein oder überwiegend allein sind zwischen 54 bis über 90 Prozent der Frauen dafür zuständig.

Zwar unterscheiden sich hier Selbst- und Fremdwahrnehmung von Frauen und Männern eklatant, vor allem beim Waschen und Putzen. Da meinen 18,8 Prozent (Waschen) und 42,4 Prozent (Putzen) der Männer, diese Arbeiten würden gemeinsam erledigt. Aber auch sie kommen zu dem Schluss, dass ihre Partnerinnen außer beim Einkaufen den deutlich überwiegenden Teil der Hausarbeiten machen.

Beide Geschlechter sollten sich hier fragen, woher der teilweise große Unterschied von eigener Einschätzung und der des Partners bzw. der Partnerin kommt – besonders beim Putzen. Ist das, was Männer hier tun, den Frauen nicht gut genug? Putzen sie ihm dann hinterher? Glaubt er, dass es beim Putzen damit getan ist, mal eben mit dem Staubsauger durch die Wohnung zu düsen?

Fakt ist: Auch hier geht es um Macht, und Frauen müssen lernen, die Macht des »Alles-besser-Könnens« abzugeben, wenn sie wirkliche Entlastung haben wollen. Männer müssen lernen, dass ein sauber geputztes Bad eine Freude ist, eine Freude allerdings, die Arbeit macht.

Dazu kommt, dass es in den meisten Ehen oder auch nicht ehelichen Partnerschaften so aussieht: Bis zur Geburt des ersten Kindes wird die Hausarbeit geteilt, nicht gerade zu gleichen Teilen, aber immerhin in nicht unerheblichem Maß. Nach der Geburt des ersten Kindes ist der Vater plötzlich weg. Er beteiligt sich kaum noch an der Hausarbeit, geschweige denn am Wickeln, Füttern oder Beruhigen des Babys, und stürzt sich stattdessen in seine Arbeit.

Dies geschieht in einer Phase der Partnerschaft, in der die frischgebackene Mutter ihren Mann besonders braucht. Für sie ist das Kind eine der größten Umstellungen ihres Lebens. Von einem Tag auf den anderen ist sie rund um die Uhr für ihr Baby zuständig. Dieses Baby ist zwar, wie alle Babys dieser Welt, reizend, aber an einem nicht unerheblichen Teil des Tages kann es auch reichlich nervig sein. Gleichzeitig fehlen der Mutter Erfolgserlebnisse und Zustimmung im Beruf, Gespräche mit Kolleginnen und Kollegen, Kontakte mit Erwachsenen. Außerdem findet sie sich nach der Geburt meistens nicht besonders attraktiv, hinzu kommt noch die Unsicherheit, ob sie mit ihrem Kind alles richtig macht.

In dieser Lebenssituation täte ein Mann und Vater besonders gut, der ihr versichert, wie wunderbar sie aussieht, der mit ihr gemeinsam nach dem richtigen Umgang mit dem Kind sucht, der ihr Zeit für sich selbst und für den Kontakt mit Freunden und Kollegen schafft. Für manches Scheitern von Partnerschaften, für manche Entfremdung der Partner, sowohl im erotischen als auch im partnerschaftlichen Bereich, wird die Keimzelle in dieser Zeit gelegt.

Warum verhalten sich Väter so? Aus in ihren Augen ganz vernünftigen Gründen. Auch ihre Lebenssituation verändert sich abrupt: Väter fühlen sich von einem Tag auf den anderen allein zuständig für das materielle Wohl ihrer Familie. Auch Väter sind mit ihrer Situation unglücklich: Sie machen mehr Überstunden, damit eine größere, eigene Wohnung bezogen und das fehlende Einkommen ihrer Frau so weit wie möglich ausgeglichen werden kann. Sie verstehen nicht, dass sie dafür nicht gelobt, sondern sogar noch mit saurem Gesicht empfangen werden.

Auch bei den Vorstellungen, wer wofür zuständig sein sollte, hat sich zwar einiges, aber noch nicht vieles geändert. Wobei das sehr viel mit der Idee eines gelingenden Lebens zu tun hat. Wenn sich diese »Zuständigkeitsvorstellungen« nämlich nicht erfüllen, dann ist damit ein Gefühl des Scheiterns verbunden.

Nach der bereits erwähnten Befragung des WZB streben zwar heute deutlich mehr junge Männer und Frauen einen gelungenen Ausgleich zwischen Beruf und Familie an, ohne dass einer der beiden Bereiche vernachlässigt wird (Männer 50 Prozent, Frauen 61 Prozent). Aber für rund ein Viertel der jungen Frauen und Männer sind nach wie vor die Männer diejenigen, die für die Existenzsicherung der Familie zuständig sind.

Dies zeigt sich bei dieser Befragung auch in der gewünschten Inanspruchnahme der Elternzeit: Immerhin 30 Prozent der Männer können sich überhaupt nicht vorstellen, Elternzeit in Anspruch zu nehmen, rund 20 Prozent sind für maximal zwei Monate.

Die Vorstellungen der Frauen und Männer ergänzen sich, so ein weiteres Ergebnis dieser Studie, denn nur ein Prozent der Frauen wollen gar keine Elternzeit in Anspruch nehmen und nur insgesamt 12 Prozent weniger als ein Jahr.

So ist es denn auch kein »vorauseilender Gehorsam«, sondern entspricht der – eher zu niedrig eingeschätzten – Realität, wenn 36 Prozent der Frauen meinen, dass Männer gar keine längere Elternzeit in Anspruch nehmen wollen.

Auch die Vorstellung eines gelungenen Ausgleichs zwischen Beruf und Familie, den Männer und Frauen mehrheitlich wollen, differiert inhaltlich vor diesem Hintergrund wohl doch sehr. Während sich bei den Männern dahinter zwar der Wunsch nach mehr Zeit für die Familie verbirgt, ohne im Beruf zurückzustecken, bedeutet es für Frauen nach wie vor, dass für sie mehrheitlich zuerst die Familie kommt und dann der Beruf.

Abb. 1 Traditionelle Arbeitsteilung in Haushalten mit Kindern unter 18 Jahren

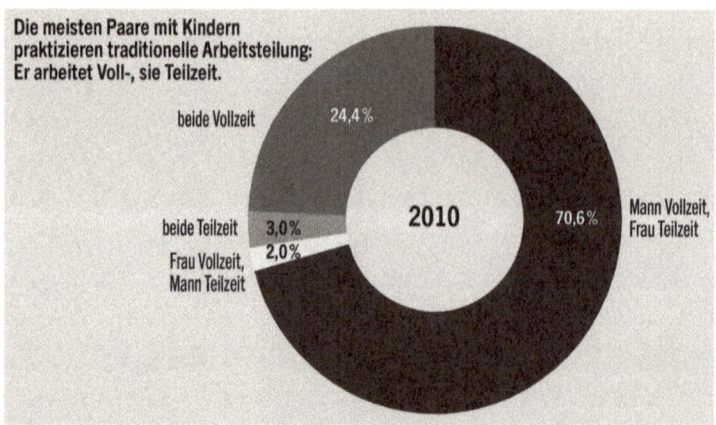

Aus: Frauen auf Erfolgskurs, Broschüre der IG Metall
Quelle: WSI GenderDatenPortal 2013 / Hans-Böckler-Stiftung 2013

Abbildung 1 zeigt deutlich, wie weit verbreitet traditionelle Arbeitsteilung in Haushalten mit Kindern in Deutschland nach wie vor ist. Dabei differenziert die Abbildung noch gar nicht nach der Anzahl der Stunden, die Teilzeit gearbeitet werden. Mit 18,9 Stunden pro Woche ist Teilzeit in keinem anderen Land so gering wie in Deutschland.

Dies hat natürlich materielle Konsequenzen. Zwar steigt der Anteil der Frauen, die überwiegend von ihrem Einkommen aus Erwerbstätigkeit leben können, kontinuierlich. Waren es 1996 noch 39 Prozent, ist dieser Prozentsatz im Jahr 2012 laut Statistischem Bundesamt auf 45 Prozent gestiegen. Das heißt aber auch, dass für 55 Prozent der Frauen das eigene Einkommen nicht reicht, und »überwiegend« bedeutet ebenfalls, dass ein kleiner Teil des Lebensunterhalts vom Partner kommt. Immerhin für 18 Prozent der Frauen jedoch, also fast für jede fünfte, war der Mann 2012 immer noch die Haupteinkommensquelle.

Vereinbarkeit von
Beruf und Familie

Ist die Vereinbarkeit von Beruf und Familie demnach nur ein Problem der Frauen?

Ich war 48 Jahre lang ununterbrochen erwerbstätig. In dieser Zeit habe ich mit Kolleginnen und Kollegen zusammengearbeitet und war Vorgesetzte von Mitarbeiterinnen und Mitarbeitern.

An den unterschiedlichsten Arbeitsplätzen und in unterschiedlichen Funktionen habe ich regelmäßig folgende Telefonate von Müttern um die Mittagszeit mitverfolgt: erster Versuch, 13.20 Uhr, erfolglos. Der zweite um 13.30 Uhr auch, der dritte um 13.45 Uhr erfolgreich.

Mutter: »Da bist du ja endlich, wie war's in der Schule? Auf dem Herd steht der Auflauf, schalte die Platte nicht zu hoch ein, sonst brennt er an. Zur Nachspeise steht ein Quark im Kühlschrank. Habt ihr die Englisch-Schulaufgabe zurückbekommen? Waaas? Eine Vier? Aber heute Nachmittag bleibst du zu Hause und lernst. Um fünf bin ich daheim und höre die Vokabeln ab.«

Während meiner ganzen Berufstätigkeit habe ich kein einziges Mal ein vergleichbares Gespräch eines Vaters mitgehört. Auch nicht bei den Männern, deren Frauen erwerbstätig waren. Das heißt, Mütter haben – selbst wenn sie berufstätig sind –

eine »Abteilung« im Kopf, in der gespeichert ist, wann die Kinder zur nächsten Tetanusschutzimpfung müssen, wann Elternsprechtag ist, wann wer in der Familie Geburtstag hat und was diejenigen sich wünschen, dass endlich mal wieder die Schwiegereltern einzuladen sind, dass im Kühlschrank Eier, Butter und Joghurt fehlen, dass der Zahnarzttermin nicht verpasst werden darf und die Sachen aus der Reinigung geholt werden müssen.

Und wenn sie einmal ihrem Allerliebsten einen Zettel mitgibt: »Eier, Butter, Joghurt besorgen, Sachen aus der Reinigung abholen« und wenn er – weil Zettel verloren – mit Eiern, Butter und einem Kasten Bier nach Hause kommt, dann will er selbstverständlich trotzdem gelobt werden.

Männer in Führungspositionen

Wie sehr die Väter erwarten, dass ihnen von den Müttern die Sorge um die Kinder abgenommen wird – und zwar möglichst vollständig –, zeigt ein weiteres persönliches Erlebnis.

Es war Mitte der 80er-Jahre, ich sollte bei einem vornehmen Seminar auf Schloss Gracht bei Köln über Frauenförderung im Betrieb reden, und zwar vor Führungskräften der deutschen Wirtschaft. 35 von ihnen saßen da in Hufeisenform, alphabetisch sortiert.

Ich wollte das Ganze ein bisschen locker angehen und war außerdem damals der Meinung, dass Frauen jetzt genug gefördert, genügend qualifiziert und genügend berufsorientiert sind. Die beste Frauenförderung, so meine Überzeugung, wäre es, wenn die Männer sich ebenfalls emanzipieren und ihr Vatersein wirklich annehmen würden. Das wollte ich auf diesem Seminar mit einem fiktiven Einstellungsgespräch des Jahres 2000 darstellen und begann mit einem Beispiel:

Das etwas andere Einstellungsgespräch

»Stellen Sie sich ein Großunternehmen vor. Die Personalchefin, nennen wir sie der Einfachheit halber Schmidt, sitzt dem Bewerber für eine gehobene Führungsposition gegenüber. Nennen wir ihn Herrn Dr. Zeitz, verheiratet, drei Kinder, 37 Jahre alt.

Frau Schmidt blättert in den Unterlagen und sagt: ›Also, Herr

Dr. Zeitz, Sie haben ja ganz ausgezeichnete Qualifikationen. Nur eines finde ich nicht, Sie sind doch verheiratet und haben drei Kinder?‹

Dr. Zeitz: ›Ja.‹

Frau Schmidt: ›Dann habe ich es wahrscheinlich überblättert. Sagen Sie, wann haben Sie Ihre Erwerbstätigkeit wegen der Kinder unterbrochen, waren teilzeitbeschäftigt oder haben Elternzeit in Anspruch genommen?‹

Herr Dr. Zeitz merkt, worauf das hinausläuft, wird trotz seines Selbstbewusstseins verlegen, kommt sogar ein bisschen ins Stottern und sagt: ›Meine Frau, also ich und meine Frau haben beschlossen, dass diese Aufgabe meine Frau übernimmt.‹

Daraufhin klappt die Personalchefin Schmidt bedauernd die Bewerbungsunterlagen zu und sagt: ›Dann kommen Sie für eine Führungsposition in unserem Haus leider nicht infrage. Wir legen Wert darauf, dass unsere Führungskräfte, soweit sie Kinder haben, die Kompetenzen, die man in der Familienarbeit erwerben kann, auch tatsächlich mitbringen.‹

Da Frau Schmidt aber eine gute Psychologin ist, klopft sie Herrn Dr. Zeitz begütigend auf die Schultern und muntert ihn auf: ›Sie sind ja noch jung, Ihre Kinder sind noch klein, holen Sie diese Erfahrungen nach, dann stehen Ihnen alle Türen unseres Hauses offen.‹«

Nach diesem in meinen Augen vollkommen harmlosen, auflockernden Einstieg versicherten mir 33 von 35 Führungskräften der deutschen Wirtschaft, dass ich ungeheuer aggressiv sei (ich bin eine Seele von Mensch) und dass ihre Frauen vollkommen freiwillig zu Hause blieben und das viel lieber täten, als in ihren ungeliebten Berufen zu arbeiten. Zu diesen »ungeliebten« Berufen gehörten Lehrerin und Musikerin genauso wie Betriebswirtin, Sekretärin, Verkäuferin und Programmiererin.

Zwei Führungskräfte kamen in der Kaffeepause, einzeln und sich vergewissernd, dass niemand zuhört, zu mir und sagten, dass ich völlig recht hätte, dass ihre Frauen trotz der Kinder im Beruf geblieben seien, dass man das in »diesen Kreisen« aber nicht laut sagen könnte.

Dieses fiktive Einstellungsgespräch habe ich seinerzeit vorverlegt ins Jahr 2000. Als unheilbare Optimistin möchte ich es jetzt ins Jahr 2020 verlegen. Denn leider hat sich nach einer Untersuchung des Wissenschaftszentrums Berlin in der Einstellung zur Wichtigkeit von Beruf und Familie für das eigene Leben bei Frauen und Männern noch viel zu wenig geändert.

Für Frauen hat die Familie eine viel größere Bedeutung als ihr Beruf (57 Prozent Familie, 32 Prozent Beruf). Bei Männern kommt hingegen der Beruf immer noch vor der Familie.

Veränderungen
beginnen im Kopf

Die beiden Beispiele machen einmal mehr deutlich, dass sich in den Köpfen der Gesellschaft (und insbesondere in den Köpfen der Männer) etwas ändern muss. Es muss deutlich werden, dass Frauen nicht allein wegen des Geldes arbeiten, sondern auch wegen der Freude am Beruf, wegen der Anerkennung durch Kollegen und Vorgesetzte. Denn das stärkt das Selbstbewusstsein und trägt zu einer Partnerschaft auf Augenhöhe bei. Dies gilt für die Fabrikarbeiterin genauso wie für die Bankkauffrau, für die Ingenieurin genauso wie für die Verkäuferin. Deshalb ist es dringend notwendig, dass beide Geschlechter die Vereinbarkeit von Kindern und Erwerbstätigkeit als gemeinsames Anliegen von Müttern und Vätern betrachten.

Frauen sind grundsätzlich genauso klug und genauso dumm wie Männer. Sie sind genauso leistungsfähig und im Durchschnitt genauso fleißig und genauso faul. Wenn aber eine »Abteilung« in unserem Kopf notwendig ist, um die Familie zu organisieren, und nahezu die gesamte Verantwortung dafür bei den Müttern liegt, dann sind die Väter im Beruf automatisch im Vorteil. Denn dieser Teil des Kopfes, aber auch ihre Hände und ihre Zeit bleiben gänzlich frei für berufliche Anforderungen.

Wenn Mütter also den gleichen beruflichen Erfolg (und damit auch ein annähernd gleiches Einkommen) erreichen wollen, müssen sie entweder deutlich fleißiger sein – und sich überfordern. Oder sie müssen Arbeit abgeben. Geschieht das nicht, werden sich die Einkommensabstände zwischen Männern und Frauen verfestigen und möglicherweise sogar noch vergrößern. Dies wiederum würde die Rollenverhältnisse zementieren: mit dem Vater als Ernährer und der Mutter als für die Familie Zuständige.

Die gleiche Verteilung der Pflichten – für die materielle Grundlage der Familie zu sorgen *und* sich die nicht bezahlte Arbeit in Familie und Haushalt zu teilen – entlastet beide, Mütter und Väter. Dieses Prinzip macht Familien weniger krisenanfällig, zum Beispiel bei Arbeitslosigkeit. Aber auch eine Trennung endet dann weniger häufig mit einer materiellen Katastrophe.

Appelle allein werden nicht genügen. Wenn Mütter sich selbst entlasten wollen, wenn sie Freiräume für ihre eigene Erwerbstätigkeit schaffen und nutzen wollen, dann müssen sie Vätern etwas zutrauen, sie ihren eigenen Stil mit den Kindern, aber auch in ganz profaner Hausarbeit finden lassen. Frauen müssen, wo es notwendig ist, sanften Druck ausüben und etwa Hausarbeit, die er übernommen, aber nicht erledigt hat, einfach liegen lassen. Die starken Nerven, die es braucht, um ungespültes Geschirr zu übersehen, stehen in keinem nennenswerten Verhältnis zu dem möglichen Gewinn, der aus einer vernünftigen Teilung der Hausarbeit erwächst.

Auch Väter werden dabei gewinnen. Sie sehen sich nicht mehr allein auf ihr Leben im Beruf reduziert, sondern stoßen mit einem kontinuierlich gelebten Familienleben in eine neue Dimension vor. Sie können ihre Rationalität und ihren Pragmatismus um ihre Emotionalität erweitern. Viele Männer entdecken erst als Großväter oder alte Väter in einer zweiten Partnerschaft diese häufig verkümmerte Seite ihrer Persönlichkeit.

Geld macht nicht glücklich, aber keines manchmal unglücklich

Was einen Menschen glücklich macht, ist heute unterschiedlicher denn je, aber die wenigsten denken zuerst an Geld.

Obwohl: Allzu weit auseinander liegen Geld und Liebe auch bei Durchschnittsbürgerinnen und -bürgern nicht. Das Meinungsforschungsinstitut Emnid hat im Auftrag der Zeitschrift Chrismon Anfang 2014 gefragt, warum Menschen heiraten: An erster Stelle stand mit 60 Prozent die Liebe, die man vor anderen bekunden wollte, schon an zweiter Stelle folgte mit 40 Prozent der Wunsch, mit der Hochzeit finanziell besser abgesichert zu sein. Auf dem dritten Platz lag die Antwort »weil man sonst keine richtige Familie ist« und an vierter Stelle – gleichauf mit dem Wunsch nach göttlichem Segen – folgte mit 30 Prozent der Beweggrund, durch eine Hochzeit Steuern zu sparen.

Diejenigen, für die finanzielle Aspekte tatsächlich im Vordergrund stehen, werden – da bin ich ganz sicher – ihre materiellen Angelegenheiten von selbst klären und vertraglich regeln.

Für die meisten anderen steht nicht das Geld an erster Stelle, sondern nach wie vor die Liebe zu einem anderen Menschen.

Das muss aber nicht ausschließen, dem Geld etwas mehr Bedeutung zu geben. Immerhin kann nur Geld finanzielle Unabhängigkeit bringen, es kann ein auskömmliches Leben verschaffen und einen sorgenfreien Ruhestand garantieren.

Kinder machen (vielleicht) glücklich

Frauen wünschen sich (Stand 2003/2004, Umfrage »Perspektive Deutschland«) im Alter zwischen 20 und 34 Jahren durchschnittlich 1,75 Kinder. Männer wünschen sich weniger, nämlich 1,59 Kinder. Geboren werden aber nur durchschnittlich 1,4 Kinder pro Frau. (Bei vergleichbaren Umfragen werden im Übrigen nach wie vor nur Frauen gefragt, ob und wie viele Kinder sie geboren haben, Männer werden nicht danach gefragt, wie viele Kinder sie gezeugt haben.)

Nach der Shell-Studie 2010 ist die Bedeutung der Familie für Jugendliche ein weiteres Mal angestiegen. 76 % der Jugendlichen stellen für sich fest, dass man eine Familie braucht, um wirklich glücklich leben zu können. Dementsprechend ist auch der Kinderwunsch von Jugendlichen gegenüber 2006 angestiegen. 65 Prozent der männlichen Jugendlichen möchten später Kinder haben (2006 waren es 56 Prozent). Bei weiblichen Jugendlichen sind es 73 Prozent (2006 waren es 69 Prozent).

2008 wurden im Mikrozensus (repräsentative Haushaltsbefragung der amtlichen Statistik in Deutschland) folgende Zahlen erhoben: 21 Prozent der 40- bis 44-jährigen Frauen waren kinderlos, aber nur 12 Prozent der über 64-jährigen, mit deutlichen Unterschieden zwischen Ost (weniger Kinderlose) und West.

Wobei ebenfalls große Unterschiede bei der Kinderlosigkeit

und dem Bildungsniveau bestehen: 26 Prozent der Frauen mit hoher Bildung haben keine Kinder, aber nur 11 Prozent der Frauen mit niedriger Bildung sind kinderlos.

Auch andere Studien kommen mit geringen Abweichungen zum gleichen Schluss: Männer wünschen sich weniger Kinder als Frauen, auch wenn der Kinderwunsch tendenziell bei beiden Geschlechtern zunimmt.

Warum wollen Männer
seltener Kinder als Frauen?

Die Expertenkommission Familie der Bertelsmann-Stiftung hat 2008 erstmals beim Deutschen Jugendinstitut die Väterstudie »Wege in die Vaterschaft« in Auftrag gegeben. Versucht wurde, die Gründe für den geringeren Kinderwunsch der Männer zu eruieren.

In dieser Studie wurden 1800 Männer im Alter zwischen 15 und 42 befragt. Sie wünschen sich zwar Kinder (zu über 90 Prozent), wollen aber im Beruf erst einmal etabliert sein und sehen sich nach wie vor als Ernährer der Familie und (allein) verantwortlich für deren finanziellen Unterhalt. Sie wollen sich Zeit für ihre Kinder nehmen und sich in deren Betreuung engagieren, glauben aber nicht, die Möglichkeit dazu zu haben. Denn das familiäre Engagement sollte nicht zulasten der beruflichen Verpflichtungen gehen.

Für 40 Prozent wäre daher eine Vaterschaft in den nächsten drei Jahren zu dem Zeitpunkt der Befragung eine Katastrophe oder zumindest sehr unangenehm. Zwei Drittel befürchten eine deutliche Verschlechterung ihrer finanziellen Situation, vor allem, weil die Beschäftigungschancen ihrer Partnerin deutlich schlechter würden. Sie glauben zwar, dass durch ein Kind ihre eigene Lebensfreude zunehmen würde, befürchten aber gleichzeitig, dass sie nicht mehr tun könnten, was sie wollten, was wiederum die Lebensfreude beeinträchtigen würde.

Fazit: Zu einem glücklichen, zu einem gelingenden Leben gehören Kinder nicht mehr unbedingt, wohl aber Liebe, Partnerschaft, Anerkennung, beruflicher und materieller Erfolg mit jeweils unterschiedlichen Ausprägungen bei Frauen und Männern.

Ist Feminismus von vorgestern?

Unter Feminismus versteht jeder etwas anderes. Angefangen von einem angeblichen Kampfbegriff der Lesben bis hin zum Synonym für Männerfeindlichkeit ist »Feministin« heute eher ein Schimpfwort als eine Auszeichnung. Nahezu alle Frauen, die urfeministische Forderungen stellen, wie zum Beispiel die gleiche Bezahlung für gleichwertige Arbeit, beteuern sofort eilfertig, mit dieser Forderung nun aber wirklich keine Feministin zu sein. Feminismus ist nach meiner Erfahrung bei jüngeren, aber auch Frauen im mittleren Alter völlig uncool und ungefähr so sexy wie lila Latzhosen.

Schließlich, so argumentieren sie, haben es die Frauen doch geschafft. Nahezu alle Berufe stehen ihnen offen, sie sind gefragte Arbeitskräfte, die Vereinbarkeit von Beruf und Familie ist zumindest auf dem Papier gesichert. Kinderkrippen und Ganztagsschulen werden von keinem Politiker mehr als familienzerstörerisches Teufelszeug bezeichnet (auch, wenn manche es gerne noch täten).

Frauen haben die Männer in der Bildung und Ausbildung nicht nur eingeholt, sondern sogar überholt. Frauen erobern Führungspositionen – bis hin zur Bundeskanzlerin. Frauen können, müssen aber nicht mehr heiraten, keiner mischt sich in ihr Sexualleben ein, wenn man von der katholischen Kirche mal absieht. Also warum noch Feminismus à la Alice Schwarzer?

Ganz einfach: Weil immer noch nicht alles so ist, wie es sein soll!

Mehr Chancengleichheit, unabhängig von Geschlechternormen und -zuweisungen, unter besonderer Berücksichtigung der Bedürfnisse von Mädchen und Frauen: Das sind nach wie vor erklärte Ziele des Feminismus. Die Journalistin Julia Korbik versteht ihn als »politische Bewegung«, die nach gesellschaftlicher Veränderung strebt. In der Vorankündigung zu ihrem Buch *Stand up – Feminismus für Anfänger und Fortgeschrittene* macht die Autorin zugleich deutlich, dass in unserer Gesellschaft etwas im Argen liegt und dass nicht Frauen das Problem sind, sondern dass es um etwas Größeres geht. Für Julia Korbik ist diese Schieflage ein Problem, das alle tangiert. Denn Feminismus mache deutlich, dass das Private politisch ist und somit jede(n) etwas angeht.

Es ist eben kein bedauerlicher privater Einzelfall, wenn Frauen in Deutschland im Schnitt 22 Prozent weniger verdienen als Männer, obwohl sie im Schnitt besser gebildet und ausgebildet sind. Es ist eminent politisch, wenn es zwar den gleichen Lohn für die gleiche Arbeit gibt, aber noch längst nicht für gleichwertige Arbeit. Verstöße gegen Ersteres sind einklagbar. Aber geklagt wird selten.

Berechnungen des Deutschen Instituts für Wirtschaftsforschung zum erwarteten Nettostundenlohn auf Basis des Mikrozensus von 2005 bis 2008 kommen für einige ausgewählte Berufe zu folgendem Ergebnis:

Tab. 1 Lohnvergleich für bestimmte Berufe			
Zahnmediziner	19,33 €	Zahnmedizinerin	15,50 €
Jurist	15,86 €	Juristin	12,55 €
Lehrer	12,19 €	Lehrerin	11,51 €
Polizist in Ausbildung	11,25 €	Polizistin in Ausbildung	8,91 €

Da es sich um durchschnittliche Nettolöhne handelt, mögen die Unterschiede teilweise mit unterschiedlichen Steuerklassen zu tun haben, aber eben nur teilweise.

Kriterien für gleichwertige Arbeit gibt es zwar, aber weder die Gewerkschaften noch die Arbeitgeber haben sich bisher ernsthaft an die Umsetzung dieser Kriterien gemacht.

Und so kommt es, dass wie durch ein Wunder Tätigkeiten, die überwiegend Frauen ausüben, generell geringer bezahlt sind als diejenigen, die überwiegend von Männern ausgeübt werden. Verirrt sich in einen eher »männlichen« Beruf dann doch mal die eine oder andere Frau, wird generell versucht, sie niedriger einzustufen als ihre männlichen Kollegen. Und weil Frauen bei Einstellungsgesprächen meist bescheidener auftreten und weniger fordern, kommen Arbeitgeber auch damit durch.

Bei den angeblich typischen Frauenberufen hat mir Folgendes noch niemand erklären können:

Wieso soll es nach einer vier- bis fünfjährigen Ausbildung weniger wert sein, als Erzieherin einen ganzen Tag lang eine Gruppe von 20 Kindern zu betreuen, zu fördern und zu erziehen, als ein Auto zu reparieren?

Unverständlich ist mir auch, wieso eine Altenpflegerin nach einer dreijährigen Ausbildung weniger verdient als ein Industriekaufmann.

Offensichtlich ist der Gesellschaft die Arbeit mit Menschen (überwiegend Frauenarbeit) weniger wert als die Arbeit mit Dingen (überwiegend Männerarbeit).

Auch bei den Führungspositionen sieht es eher finster aus: In den DAX-Vorständen liegt der Frauenanteil 2014 bei gerade mal 6,3 Prozent.

Im März 2014 wurde eine Studie des britischen Instituts Experian im Auftrag einer Wirtschaftsprüfungsgesellschaft veröffentlicht. Grundlage der Studie sind Interviews mit 3500 mittelständischen und großen Unternehmen aus allen Branchen in 45 Ländern. Das Ergebnis: In keiner dieser Wirtschaftsnationen gibt es weniger Frauen in Führungspositionen als in Deutschland, selbst in den Arabischen Emiraten sind es mehr.

Viele Unternehmen sind auf Vorstandsebene eine frauenfreie Zone. Die Frauenquote wird daran nur marginal etwas ändern, weil in Deutschland mit seiner mittelständischen Struktur die wenigsten Unternehmen zu den DAX-Konzernen gehören bzw. börsennotiert sind. Nur für diese ist die Frauenquote vorgesehen.

Sehr bezeichnend: Das 21. Münchner Management Kolloquium mit der Überschrift »Vielfalt nutzen und optimieren« wirbt mit Fotos von fünf männlichen Referenten.

Auch wer glaubt, die Rabenmutter-Diskussion sei vom Tisch, täuscht sich. So bestätigen Umfragen des Bundesinstituts für Bevölkerungsforschung nach wie vor, dass in Westdeutschland außerhalb der großen Städte die Erwerbstätigkeit einer Mutter mit kleinen Kindern wenig toleriert wird, bei Freunden und Nachbarn und vor allem bei Arbeitgebern.

Dies betrifft unser Thema insofern, als die schlechteren Einkommens- und Aufstiegschancen Rollenbilder verfestigen und ein immerwährender Teufelskreis entsteht: Weil Frauen weniger verdienen, bleiben sie wegen der Kinderbetreuung zu Hause. Weil sie längere Auszeiten hat als er, macht er Karriere und sie hechelt hinterher, kann aber seinen Karriere- und Einkommensvorsprung nicht einholen. Weil sie daher weniger verdient, bleibt sie auch dann zu Hause, wenn es darum geht, die alten Eltern oder Schwiegereltern zu pflegen. In dieser Zeit steigt seine Rente, ihre stagniert, usw. usw.

Um diesen Teufelskreis zu durchbrechen, brauchen wir (leider) weiterhin Quoten sowie einen Feminismus, der die Männer mitnimmt – und mehr politischen Willen, eine moderne Familienpolitik umzusetzen.

Eine solche Familienpolitik sollte mit den widersprüchlichen und damit kontraproduktiven Förderungen Schluss machen – bis jetzt wird das Falsche zu viel und das Richtige zu wenig gefördert. Damit werden kontraproduktive Anreize gesetzt, die in zu vielen Fällen zu Armut nicht nur von Frauen, sondern auch von Kindern und – seltener – von Vätern führen.

4 Fördern und Fordern — leider in entgegengesetzte Richtungen

Renate Schmidt

Um Menschen Orientierung zu geben, braucht es ein Leitbild, das die Wünsche der Menschen, die berechtigten Interessen und Bedürfnisse von Kindern, Frauen und Männern, das öffentliche Interesse und die staatlichen Möglichkeiten in Einklang bringt.

Ein solches Leitbild aber gibt es in Deutschland nicht. Stattdessen gibt es einen Flickenteppich unterschiedlicher und teurer Maßnahmen. Mit diesen wird versucht – je nach ideologischer Ausrichtung der jeweiligen Regierung –, deren vermutete Klientel zufriedenzustellen. Wobei das Bild vom Flickenteppich noch geschönt ist, denn bei dem fügen sich ja die Einzelteile zu einem Ganzen zusammen.

Die in Deutschland getroffenen familien- und gleichstellungspolitischen Maßnahmen widersprechen sich vielmehr in so erheblichem Maße, dass kein Ganzes entstehen kann. Um im Bild zu bleiben: Kaum ist an einer Stelle ein passender Flicken angefügt, wird an anderer Stelle einer abgetrennt – und das geht jetzt seit 65 Jahren so:

- weil die Politik die Wünsche der Menschen nicht respektiert hat,
- weil gesellschaftliche Veränderungen nicht oder zu spät erkannt wurden,
- weil man sich von tradierten Vorstellungen, wie Familie zu sein hat, nicht trennen wollte und daher nach dem Motto handelte »Allen wohl und keinem weh«.

Erreicht wurde eher das Gegenteil: den meisten weh und nur den wenigsten wohl.

Abb. 2 200 Milliarden für Familien und Ehen pro Jahr

Steuerliche Maßnahmen

Kindergeld

Ehegatten-
splitting

Darüber hinaus
gibt es weitere
Ausgaben zur Erziehungs-
hilfe, Tagesbetreuung, Beiträge für Kindererziehungszeiten, an die Rentenversicherung etc.

Weitere Ausgaben

200 Milliarden
Euro

Leistungen der Sozialversicherung

Witwen- und Witwerrente

beitragsfreie Mitversicherung von
nicht erwerbstätigen Ehepartnern in
der gesetzlichen Krankenversicherung

4,6 Elterngeld

1,1 bis 2 Betreuungsgeld

Geldleistungen

Aus: Frauen auf Erfolgskurs, Broschüre der IG Metall
Quelle: Bundesministerium für Familie, Senioren, Frauen und Jugend

Einer der eklatantesten Widersprüche ist die Förderung der Alleinverdiener- bzw. Hauptverdienerehe bei gleichzeitiger Forderung nach materieller Unabhängigkeit bei Scheitern der Ehe. Da wäre zuerst das Ehegattensplitting zu nennen, das mit 19,8 Milliarden Steuermindereinnahmen pro Jahr zu Buche schlägt, zweitens die beitragsfreie Krankenversicherung für die nicht oder gering verdienende Ehefrau (oder in seltenen Fällen für den Partner). Diese kostet die Steuerzahler/innen 12,6 Milliarden Euro pro Jahr. Ein weiterer Punkt ist das heiß diskutierte Betreuungsgeld, das in der endgültigen Ausbaustufe ca. 1,5 Milliarden Euro pro Jahr kosten wird: Wer einen staatlich geförderten Betreuungsplatz in einer Krippe oder bei einer Tagesmutter nicht in Anspruch nimmt, wird für die erbrachte Erziehungsleistung mit 150 Euro monatlich »belohnt«. Weitere steuerliche und ehebezogene Transferleistungen wie etwa die beitragsfreie Witwenrente, die alleine mit ca. 38 Milliarden Euro pro Jahr veranschlagt werden muss, kommen hinzu.

Dann wären da noch die ausufernden Regelungen für Mini-jobs. Diese haben zumindest teilweise zur Umwandlung von versicherungspflichtigen Voll- und Teilzeitstellen in geringfügige Beschäftigungen geführt. Sieben Millionen solcher Mini-jobs gibt es in Deutschland, und überwiegend werden sie von »zuverdienenden« Frauen ausgeübt.

Allein diese Maßnahmen führen dazu, dass sich Erwerbstätigkeit in einer Vollzeit- oder in einer »großen« Teilzeitstelle für viele Frauen ökonomisch erst mal nicht lohnt und sie dadurch in die »Abseitsfalle« der Nichterwerbstätigkeit geraten.

Das Betreuungsgeld ist durch die häufige Berichterstattung in den Medien den meisten Menschen bekannt. Was ein Minijob ist, kennen viele Frauen aus eigener Anschauung.

Aber über 40 Prozent der Bevölkerung wissen nicht, wie das Ehegattensplitting funktioniert, was es mit der beitragsfreien Krankenversicherung und der Witwenrente auf sich hat. Deshalb erklären wir nachfolgend diese Maßnahmen und ihre Wirkungsweise.

Ehegattensplitting und Steuerklasse V

Beim Ehegattensplitting werden die Einkommen der Eheleute oder Lebenspartner/innen addiert und dann durch zwei dividiert. Mit diesem halbierten Einkommen ermittelt man entsprechend der Steuerklasse in der Steuertabelle die auf dieses Einkommen passende Steuer und multipliziert diese mit zwei. Damit steht – ohne hier auf Besonderheiten einzugehen – die Steuerschuld der Eheleute fest.

Die Auswirkungen liegen auf der Hand: Wir haben in Deutschland ein progressives Steuersystem, das heißt, die Steuersätze steigen mit der Einkommenshöhe. Diese Methode hat zur Folge, dass für Verheiratete die Steuerlast niedriger ausfallen kann als für Unverheiratete mit gleichem Einkommen.

Dies ist vor allem dann so, wenn einer der beiden deutlich mehr verdient. Am größten ist der Vorteil, wenn einer allein verdient und das Einkommen besonders hoch ist.

Angenommen, der alleinverdienende Ehemann hat ein zu versteuerndes Jahreseinkommen von 110 000 Euro. Dann beträgt der Steuervorteil im Jahr 8196 Euro, also monatlich 683 Euro. Ein Lediger mit einem zu versteuernden Jahreseinkommen von 50 000 Euro zahlt 12 823 Euro Steuern. Ein Verheirateter mit dem gleichen Einkommen nur 8164 Euro, also 4659 Euro weniger. Vorausgesetzt, die Ehefrau ist nicht berufstätig. All das ist unabhängig davon, ob das Ehepaar Kinder hat oder nicht. Kein Wunder, dass ein Paar die Rechnung aufmacht, ob es denn auch ökonomisch vernünftig ist, wenn die Ehefrau nach der Geburt eines Kindes wieder erwerbstätig sein will. Er würde mehr Steuern zahlen, sie müsste zusätzlich Beiträge zur Krankenversicherung entrichten. Dazu kommen die Betreuungskosten für das Kind, der Weg zur Arbeit geht ins Geld, und für Kleidung, Friseur und Haushaltsführung fallen ebenfalls höhere Kosten an.

Lohnsteuerklassen III und V

Würde die Ehefrau sich trotzdem für die Rückkehr in den Beruf entscheiden und auf den Rat ihres Ehemannes oder des Steuerberaters die Steuerklasse V wählen (ihr Mann bleibt in Steuerklasse III), wird aus ihrer Erwerbstätigkeit ein Nullsummenspiel, manchmal sogar ein Draufzahlgeschäft.

Denn die Wahl der Steuerklasse III für den Hauptverdiener und der Steuerklasse V für die »Zuverdienerin« bedeutet im

Wesentlichen, dass er steuerlich so behandelt wird, als wäre er weiterhin Alleinverdiener. Sein Gehalt wird also relativ günstig besteuert. Dafür zahlt sie allerdings überproportional hohe Steuern und zwar ab dem ersten Euro, weil sie für ihr Einkommen keinen Grundfreibetrag mehr erhält (der wird beim Ehemann berücksichtigt).

Ein Ehemann mit Steuerklasse III und 40 000 Euro Jahreseinkommen zahlt 3506 Euro Lohnsteuer plus 192,83 Euro Solidaritätszuschlag. Seine Ehefrau mit Steuerklasse V und 20 000 Euro Jahreseinkommen zahlt 3987 Euro Lohnsteuer plus 219,28 Euro Solidaritätszuschlag.

Mit der Einkommensteuererklärung am Jahresende gleicht sich das zwar wieder aus, das heißt, es gibt Geld vom Finanzamt zurück. Es ist aber für viele sehr frustrierend, das ganze Jahr zu arbeiten und netto so wenig Geld zur Verfügung zu haben.

Dazu kommt, dass zahlreiche Lohnersatzleistungen von der Höhe des Nettogehalts abhängen, wie zum Beispiel Elterngeld, Krankengeld, Arbeitslosengeld oder Unterhalt. Wer also Steuerklasse V wählt, schenkt dem Staat über Jahre hinweg viel Geld!

Deshalb raten wir Frauen generell von der Kombination Steuerklasse III + V ab, es sei denn, sie üben nur eine kurzfristige Aushilfstätigkeit aus. In allen anderen Fällen ist in der Regel die Steuerklassenkombination IV/IV besser.

Mit dem Lohn- und Einkommensrechner des Bundesministeriums der Finanzen können Sie herausfinden, welche Steuerklassenkombination für Sie am günstigsten ist (www.bmf-steuerrechner.de).

Beitragsfreie Mitversicherung

Ein großer Anreiz, nicht oder nur in einem Minijob erwerbstätig zu sein, ist die beitragsfreie Mitversicherung der Ehefrau in der Krankenversicherung. Die sehr ungerechten Folgen werden in der Übersicht deutlich:

Tab. 2 Beispiele für beitragsfreie Mitversicherung			
Einkommen Mann	Einkommen Frau	Familien-einkommen	KV-Beitrag (für beide; Arbeitnehmer-anteil)
8100 €	450 € (Minijob)	8550 €	332,10 €
8100 €	0 €	8100 €	332,10 €
4050 €	4050 €	8100 €	664,20 €
2500 €	2500 €	5000 €	410,00 €

Aktuelle Beitragsbemessungsgrenze (2014) = 4050 Euro
Aktueller Krankenkassenbeitrag = 15,5 Prozent
(7,3 Prozent trägt der Arbeitgeber, 8,2 Prozent der Arbeitnehmer)

Die Zahlen sprechen für sich! Ganz klar wird, dass in diesem System Ehefrauen belohnt werden, die nicht erwerbstätig sind oder nur einen Minijob bzw. kleinere Teilzeitjobs ausüben.

Diese Ungerechtigkeit kann nur durch die ersatzlose Streichung der Beitragsbemessungsgrenze von derzeit 4050 Euro monatlich für alle und den gleichzeitigen Wegfall der Mitversicherung von nicht erwerbstätigen Ehepartnerinnen bzw. -partnern beseitigt werden.

Eine Ausnahme sollte es geben: Wer Kinder (zum Beispiel bis zu sechs Jahren), pflegebedürftige oder behinderte Angehörige betreut, müsste, wie schon heute, die Versicherungsbeiträge vom Staat finanziert bekommen.

Witwenrente

Besonders ungerecht ist die Witwenrente. Ein Beispiel zeigt das am besten:

Gut 1000 Euro Rente –
ohne Arbeit!

Beate hat nie gearbeitet. Sie hat sich gern ihrem Mann, dem gemeinsamen Haus und dem großen Garten gewidmet und ihrem Mann »den Rücken frei gehalten«.

Als ihr Mann stirbt, ist Beate 60 Jahre alt. Er hat sich im Laufe des Arbeitslebens eine Rente von monatlich 1800 Euro erworben. Davon bekommt Beate 60 Prozent Witwenrente (dieser Satz gilt für Ehen, die vor 2002 geschlossen wurden, inzwischen liegt er bei 55 Prozent). Das macht 1080 Euro monatlich und lebenslang. Wenn Beate noch 25 Jahre lebt, summiert sich diese Witwenrente auf immerhin 324 000 Euro! Wir haben es schon an anderer Stelle erwähnt: obwohl sie selbst kaum etwas in die gesetzliche Rentenversicherung eingezahlt hat, und auch vollkommen unabhängig davon, ob die Witwe jemals Kinder betreut oder sich um pflegebedürftige Angehörige gekümmert hat.

Die Absurdität und Ungerechtigkeit wird noch deutlicher, wenn das Beispiel von Beate mit dem von Christiane verglichen wird:

Die gleiche Rente,
aber 42 Jahre berufstätig

So eine Rente wie die von Beate kann Christiane, Sachbearbeiterin, nur dann erreichen, wenn sie 42 Jahre lang in Vollzeit erwerbstätig ist. Wenn sie also, zusammen mit dem Arbeitgeber, ebenso lang Beiträge in die gesetzliche Rentenversicherung einzahlt. Ein monatliches Bruttogehalt von 2450 Euro zugrunde gelegt, könnte sie ab 65 mit einer monatlichen Rente von ca. 1018 Euro rechnen.

Insgesamt werden derzeit jährlich 38,1 Milliarden Euro Witwen- oder Witwerrenten ausgezahlt, für die kein Beitrag in die gesetzliche Rentenversicherung eingezahlt wurde. Finanziert werden diese Witwenrenten aus Steuermitteln, aufgebracht von allen gesetzlichen Rentenversicherten, auch von erwerbstätigen alleinerziehenden Müttern, die von solchen staatlichen Sozialleistungen nur träumen können. Für Alleinerziehende gibt es gerade mal einen jährlichen Steuerfreibetrag von 1304 Euro.

Eine derartige Hinterbliebenenversorgung ist nicht mehr zeitgemäß. Sie gehört abgeschafft. Und sie ist verzichtbar, wenn – wie wir das fordern – künftig jeder für seinen Lebensunterhalt verantwortlich ist, also jeder selbst Geld verdient und infolgedessen auch in die gesetzliche Rentenversicherung einzahlt.

Auch hier gilt wieder: Für Zeiten der Kinderbetreuung oder der Pflege von Angehörigen würden die Rentenbeiträge vom Staat übernommen.

Um kein Missverständnis aufkommen zu lassen: Die Politik, der Staat, hat den Menschen nicht vorzuschreiben, wie sie leben sollen, sondern ihnen zu ermöglichen, so zu leben, wie sie es wollen. Aber das hat natürlich Grenzen. Denn es ist weder möglich noch sinnvoll, beispielsweise einer Mutter mit einem Kind 18 Jahre lang die Rentenversicherungsbeiträge zu bezahlen, weil diese sich entschieden hat, bis zum Abitur ihres Kindes keine bezahlte Arbeit anzunehmen. Dies kann nicht die Aufgabe der Öffentlichkeit sein.

Die Witwenrente kann natürlich nur mit langen Übergangsfristen abgeschafft werden, weil für heute 50-Jährige und Ältere eine vergleichbare Altersversorgung nicht mehr aufgebaut werden kann.

Die fatalen Folgen
der widersprüchlichen Politik

Aufgrund der politischen Förderung der Alleinverdiener- bzw. Hauptverdienerehe wird zu häufig die Entscheidung getroffen: Mama bleibt zu Hause und nimmt maximal einen Minijob an, denn das lohnt sich kurzfristig mehr. Der Steuervorteil durch das Ehegattensplitting bleibt erhalten, die kostenfreie Mitversicherung in der Krankenkasse auch. (Würde sie mit einem Bruttoeinkommen von 1200 Euro Teilzeit arbeiten, müsste sie mit einem eigenen Krankenkassenbeitrag (also ohne den Arbeitgeberanteil) von rund 100 Euro monatlich rechnen). Die 450 Euro, die sie mit dem Minijob verdient, werden ohne Abzüge ausgezahlt. Mehrkosten für die Haushaltsführung gibt es nicht. Wenn dann noch die Kinderbetreuungskosten entfallen und stattdessen das Betreuungsgeld dazukommt, rechnet sich eine Teilzeitbeschäftigung im alten Beruf – wie ursprünglich beabsichtigt – gar nicht mehr. Ob Mama vielleicht auch aus anderen Gründen gern wieder gearbeitet hätte, steht dann nur selten zur Debatte.

Das große Problem dabei ist, dass sich in all diesen Fällen eine kurzfristig lohnende Strategie langfristig katastrophal für die Frau auswirken kann – kein eigenes Einkommen, kaum Altersrente, Rückkehr in den Beruf fraglich.

Fazit: Ehegattensplitting, kostenfreie Mitversicherung in der Krankenkasse, Minijob-Regelungen und Betreuungsgeld und nicht zuletzt die Witwenrente fördern die Haupternährer-Familie.

Ist eine Entscheidung für dieses Familienmodell erst einmal gefallen, wird es mit jedem Jahr schwieriger, zu Bedingungen, die der Qualifikation und dem früheren Einkommen entsprechen, wieder in den alten Beruf zurückzukehren.

Nur in 10 Prozent der privaten Haushalte ist (nach einer Statistik von 2007) das Einkommen von Mann und Frau in Deutschland gleich hoch, in mehr als der Hälfte verdient die Frau weniger als 45 Prozent des Haushaltseinkommens und in rund einem Viertel trägt sie zum Haushaltseinkommen nichts bei.

Damit liegt Deutschland an 16. Stelle von 26 EU-Nationen. Die größte Ausgewogenheit gibt es in Dänemark, dort haben nur 7,5 Prozent der Frauen kein eigenes Einkommen, aber rund 41 Prozent tragen gleich viel oder mehr zum Haushaltseinkommen bei als die Männer.

Mit Steuern steuern

Im Gegensatz zu Deutschland ist es in anderen EU-Ländern ökonomisch attraktiver, wenn die Einkommen der Ehepartner gleich hoch sind. Und so verhalten sich die Paare dann auch: In Dänemark zum Beispiel ist die Frauenerwerbsquote um knapp zehn Prozentpunkte höher als bei uns, und auch das von Frauen geleistete Arbeitsvolumen im Rahmen der Erwerbsarbeit ist deutlich höher. Dagegen hat die »kleine« Teilzeitarbeit in Dänemark – im Gegensatz zu Deutschland – abgenommen, zugunsten von sogenannten großen Teilzeitstellen mit mehr als 20 Wochenarbeitsstunden.

Das von Frauen und Männern geleistete Volumen an Erwerbsarbeit gleicht sich zunehmend an, und das Steuer- und Sozialversicherungssystem »belohnt« es, wenn Frau und Mann annähernd gleich viel verdienen bzw. arbeiten.

In Deutschland ist zwar die Erwerbsbeteiligung von Frauen deutlich gestiegen, das von ihnen geleistete Arbeitsvolumen in der Erwerbstätigkeit stagniert aber. Das heißt, Vollzeit wurde in Teilzeit umgewandelt. In keinem anderen EU-Land (außer den Niederlanden und Österreich) ist die Teilzeitquote so hoch wie in Deutschland, und in keinem EU-Land gibt es so viele von Frauen ausgeübte geringfügige Beschäftigungsverhältnisse.

Ein Widerspruch in sich

Nun könnte man meinen, all das, was beschrieben wurde, sei in Deutschland politisch genau so gewollt, sonst würden Förderung und gesetzliche Regelungen anders aussehen. Aber weit gefehlt: Derselbe Staat, der auf der einen Seite Anreize schafft, damit Frauen nicht oder nur in geringem Umfang erwerbstätig sind, fordert andererseits das genaue Gegenteil, nämlich:

> Jeder ist materiell für sich selbst verantwortlich.

Die staatliche Förderung der Hauptverdienerehe gilt nur, solange diese auch besteht. Scheitert die Ehe, wie es leider in ca. 36 Prozent der Fälle geschieht, ist jede und jeder wirtschaftlich für sich verantwortlich und je zur Hälfte für die gemeinsamen Kinder.

Das bedeutet konkret, dass der Hauptverdiener zwar während der Trennungszeit an die nicht berufstätige oder geringer verdienende Partnerin Unterhalt zu zahlen hat. Nach einer Scheidung gilt dies aber nur noch unter bestimmten Voraussetzungen und in sehr engen Grenzen.

Unterhaltsrecht

Am Anfang stand in der Bundesrepublik Deutschland ein Scheidungsrecht nach dem Verschuldensprinzip: Wurde *er* schuldig geschieden, war er meist lebenslang für seine geschiedene Ehefrau materiell verantwortlich, es sei denn, sie ging eine neue Partnerschaft ein, was sie möglichst vermied oder verbarg.

Wurde *sie* schuldig geschieden, bedeutete das den Verlust jedweder materiellen Unterstützung durch ihren Exmann und häufig sogar den Verlust des Sorgerechts für die Kinder. In vielen Fällen hatte das für die Frau bitterste Armut zur Folge, auch im Rentenalter, da die wenigsten während der Ehe erwerbstätig waren. Sie hatte somit keine eigenen Rentenansprüche aufgebaut, fand als geschiedene Frau nach langer Erwerbspause keine Arbeit und verlor im Alter durch die Scheidung auch jeden Anspruch auf die Hinterbliebenenversorgung, also die Witwenrente.

Mit diesem Verschuldensprinzip wurde in den 70er-Jahren Schluss gemacht. Zu Recht ging der Gesetzgeber davon aus, dass am Scheitern einer Ehe beide Partner ihren Anteil haben, außerdem, dass sie bei der Heirat auch gemeinsam beschlossen haben, wie Erwerbs-, Familien- und Hausarbeit zwischen ihnen aufgeteilt werden soll. Familie und Beruf sollten als annähernd gleichwertig angesehen werden, mit den entsprechenden Konsequenzen für die materielle Versorgung der meist geringer verdienenden Frauen.

Ergebnis dieser Gesetzgebung war, dass in den meisten Fällen der Mann Unterhalt zu zahlen hatte, und zwar knapp die Hälfte seines Nettoeinkommens. Das während der Ehe erworbene Vermögen wurde ebenso geteilt wie die in dieser Zeit erworbenen Renten- oder Pensionsansprüche.

Dass dies von einigen Frauen ausgenutzt wurde, soll nicht verschwiegen werden. Die Chefarztgattin, die sich in ihren Tennislehrer verliebt, mit ihm zusammenzieht und ihren Mann zur Kasse bittet, ohne Anstrengungen zu unternehmen, selbst für ihren Unterhalt zu sorgen, mag sich wie ein unrühmliches Einzelbeispiel anhören, aber es gab nicht wenige davon.

Immer häufiger ging der Scheidungswunsch von den Frauen aus. Gestritten wurde nicht mehr darum, wer schuld am Scheitern der Ehe ist, sondern wer wie viel zahlt. Immer mehr Männer versuchten sich ihrer Unterhaltspflicht gegenüber ihren Frauen oder sogar ihren Kindern zu entziehen. Immer mehr Frauen versuchten, Umgangsrechte der Väter mit den gemeinsamen Kindern einzuschränken oder zu verhindern.

Der Gesetzgeber reagierte auf all das mit der Reform des Sorgerechts. Inzwischen gibt es grundsätzlich ein gemeinsames Sorgerecht, und dies auch für nicht eheliche Väter.

Auch das Unterhaltsrecht wurde reformiert: Seit 2008 sind Mann und Frau nach einer Scheidung grundsätzlich für sich selbst materiell verantwortlich, solange nicht eine/r, wohl meist die Mutter, für Kinder unter drei Jahren zu sorgen hat.

Natürlich gibt es dazu viele Sonderfälle und Einzelfallentscheidungen, nur sollte allen klar sein: Die Ehe bedeutet keine lebenslange materielle Absicherung mehr. Diese Illusion weckt der Gesetzgeber zwar mit Ehegattensplitting, beitragsfreier Krankenversicherung, Minijob und Betreuungsgeld, hebt sie aber gleichzeitig mit dem neuen Unterhaltsrecht wieder auf.

Kinderbetreuung

Für das widersprüchliche Verhalten des Staates gibt es ein zweites krasses Beispiel:

Der Ausbau der Kinderbetreuung für unter Dreijährige war von der Absicht geleitet, Müttern auch kleiner Kinder die Erwerbstätigkeit zu ermöglichen. Außerdem wurde seitens des Bundes, begleitet von heftiger Kritik der meisten Bundesländer, ein Programm aufgelegt, um Ganztagsschulen auszubauen.

Beides war auch Bestandteil der Reform von Arbeitslosen-

und Sozialhilfe und deren Zusammenfassung zum Arbeitslosengeld II (Hartz IV). Denn nur wenn Betreuungsmöglichkeiten gefördert werden, kann auch Erwerbstätigkeit gefordert werden, zum Beispiel von Hartz-IV-Empfängerinnen. Deshalb wurde mit dem Ausbau der Kinderbetreuung ein Rechtsanspruch auf einen Betreuungsplatz ab dem ersten Lebensjahr gesetzlich verankert.

Man könnte meinen, hier hätten die Vertreter der öffentlichen Hand stringent gehandelt, aber weit gefehlt: Die bildungspolitische Kleinstaaterei in Deutschland hat zur Folge, dass mit den vier Milliarden Euro für das Ganztagsschulprogramm nur »Hardware«, also zum Beispiel Mensen, in den Schulen gefördert werden durften und nicht etwa neue Lehrerstellen.

Dies wiederum führte dazu, dass es im Westen Deutschlands – in Ostdeutschland sieht es deutlich besser aus – meist gelingt, für Kinder ab dem dritten Geburtstag einen Betreuungsplatz zu ergattern, der mindestens eine Halbtagsbeschäftigung, häufig sogar eine »große« Teilzeitbeschäftigung erlaubt.

Wenn eine Mutter rechtzeitig plant, schafft sie es vielleicht sogar früher und bekommt einen Krippenplatz mit ausreichend vielen Stunden, um zum Beispiel schon nach Ende des Elterngeldbezugs wieder in Teilzeit erwerbstätig zu sein. Mit Schulbeginn ist damit aber im Regelfall wieder Schluss. Denn gerade mal für 30 Prozent der Schüler und Schülerinnen existieren Ganztagsschulen und diese im Regelfall sowieso erst nach der Grundschulzeit. Eine Mittagsbetreuung gibt es zwar zwischenzeitlich häufiger, aber ein wechselndes Ende der Unterrichtszeit ist immer noch an der Tagesordnung.

Außerdem wird ganz selbstverständlich erwartet, dass die Eltern zu Hause nicht nur die Hausaufgaben beaufsichtigen, sondern auch das nacharbeiten, was die Kinder in der Schule nicht verstanden haben. Wieder sind es vor allem die Mütter, die als Nachhilfelehrerinnen der Nation aktiv sind – weil die Klassen zu groß sind und das Lernen darunter leidet und weil die Lehrkräfte immer mehr andere Aufgaben aufgehalst bekommen. Das heißt dann doch wohl, dass in letzter Konsequenz die Eltern verantwortlich sind für den Schulerfolg ihrer Kinder, aber nicht Lehrerinnen und Lehrer.

All das hat wiederum zur Folge, dass das Lebensmodell der Frauen, die sich für Kinder entschieden haben, in Westdeutschland nach wie vor so aussieht: Nach einer guten Ausbildung ist frau ein paar Jahre erwerbstätig, klettert vielleicht sogar ein Stück die Karriereleiter hinauf. Dann tickt die biologische Uhr (bei Männern tickt sie bekanntlich nicht) und mit 30, 35 Jahren meint frau dann, jetzt wäre es an der Zeit, Kinder zu bekommen.

Nun heißt es erst mal: Raus aus dem Beruf für mindestens ein Jahr, weil sie selbst es meist so will. Sehr oft werden aber daraus auch drei Jahre, weil gute Betreuungsmöglichkeiten für kleinere Kinder, die eine Halbtagsbeschäftigung erlauben, immer noch nicht selbstverständlich sind. Aber mit dem dritten Geburtstag ihres Kindes kann sie zumindest wieder teilzeitbeschäftigt berufstätig sein. Auf diese Teilzeitbeschäftigung gibt es, außer in Kleinstbetrieben, einen Rechtsanspruch und zwar auch in einer Tätigkeit, die der, die vor der Elternzeit ausgeübt wurde, entspricht.

Wenn das Kind in die Schule kommt, wird der Beruf häufig wieder aufgegeben, weil die Schule mittags endet. Eventuell ist noch für einen Minijob Platz, aber mehr geht nicht. Sechs, acht Jahre lang ist sie dann als Hausfrau, Minijobberin, Nachhilfelehrerin und Taxifahrerin zu den diversen Freizeitaktivitäten beschäftigt. Erst wenn ihre Kinder 12, 14 Jahre alt sind, kann sie wieder zurück in den Beruf – dann allerdings nicht mehr zu den alten Bedingungen. Sie muss ja wieder ganz von vorne anfangen, im Regelfall weit unterhalb ihrer erworbenen Qualifikation und ebenso weit unterhalb ihres einstigen Einkommens.

Wie wenig attraktiv so ein Lebensmodell ist, wissen Männer ganz genau. Darum entscheiden sich so wenige dafür.

Aber die Zeiten ändern sich: Auch immer mehr Frauen möchten ihren Beruf nicht aufgeben und verzichten deshalb lieber auf Kinder als auf ein eigenverantwortliches Leben. Das muss und kann sich ändern, wie uns andere Länder zeigen.

5 Es geht auch anders, und zwar besser

Renate Schmidt / Helma Sick

In der Studie »Doing Better for Families« der OECD (Organisation für wirtschaftliche Zusammenarbeit) von 2011 wird Deutschlands Familienpolitik skeptisch beurteilt. Untersucht wurde, wie sich in einzelnen Mitgliedsländern die jeweilige Familienpolitik auf die Geburtenrate, auf die Erfüllung von Kinderwünschen und auf die Kinderarmut auswirkt.

Das Ergebnis überrascht vor dem Hintergrund des bisher Geschilderten wenig. Deutschland nimmt mit seiner Geburtenrate von 1,36 Geburten pro Frau einen der untersten Plätze ein, vor Ungarn mit 1,33, Portugal mit 1,32 und Korea mit 1,15! Weit vorne sind zum Beispiel Frankreich mit 1,99, Norwegen mit 1,98 und Schweden mit 1,94 zu finden. Der OECD-Durchschnitt liegt bei 1,74 Geburten pro Frau.

Deutschland — wenige Kinder trotz Familienförderung?

Zwar gibt Deutschland überdurchschnittlich viel für Familienförderung aus, pro Kind immerhin 146 000 Euro bis zu seinem 18. Lebensjahr. Das sind 2,8 Prozent des Bruttoinlandprodukts. Aber etwa ein Drittel der familien- und kinderbezogenen Leistungen wird über Steuererleichterungen und direkte Geldleistungen vergeben. Der OECD-Durchschnitt liegt hier bei 10 Prozent der Gesamtleistungen.

Trotzdem ist in Deutschland die Kinderarmut mit 8,3 Prozent mehr als doppelt so hoch wie zum Beispiel in Dänemark (3,7 Prozent), das den Löwenanteil seiner familien- und kinderbezogenen Leistungen nicht ausbezahlt, sondern vor allem in verlässliche und gute Kinderbetreuung – von der Krippe bis zur Ganztagsschule – investiert.

Skandinavische Länder haben seit langer Zeit sehr gute Bilanzen im Kampf gegen die Kinderarmut. Das gelingt, weil diese Länder es beiden Partnern mit öffentlicher Unterstützung ermöglichen, Beruf und Familie zu vereinbaren. Wenn beide Elternteile Geld verdienen, ist Armut ganz selten ein Problem.

Deutschland ist im Übrigen das einzige (!) OECD-Land, das Alleinverdienerhaushalte steuerlich bevorzugt.

Die Folge: Weil Menschen sich steuerlich »vernünftig« verhalten, salopp gesagt, mitnehmen, was zu kriegen ist, unterbrechen Frauen um der Steuervorteile willen besonders häufig und besonders lange ihre Erwerbstätigkeit. Und dies hat wiederum zur Folge, dass der Unterschied im Durchschnittseinkommen von Frauen und Männern von 25 Prozent (im Vergleich zur OECD: 16 Prozent) in Deutschland besonders hoch zulasten der Frauen ausfällt.

In nahezu allen Ländern der OECD verschiebt sich das Alter der ersten Schwangerschaft nach hinten (der Zeitpunkt der ersten Geburt lag 2012 bei 31 Jahren). Ein Grund ist die häufigere akademische Ausbildung.

Dadurch erhöht sich die Wahrscheinlichkeit dauerhafter Kinderlosigkeit. In Deutschland aber steigt sie besonders stark: Im OECD-Schnitt leben 34 Prozent der Frauen im Alter zwischen 25 und 40 Jahren in einem kinderlosen Haushalt, in Deutschland sind es 40 Prozent. Dazu kommt, dass die Hälfte der Eltern nur ein Kind haben, im OECD-Schnitt sind es 44 Prozent.

Insgesamt stellt die Organisation für wirtschaftliche Zusammenarbeit fest, dass die Geburtenrate nicht etwa in den Ländern besonders niedrig ist, in denen viele Frauen erwerbstätig sind. Vielmehr geht eine hohe Frauenerwerbstätigenquote in den OECD-Staaten im Regelfall mit einer vergleichsweise hohen Geburtenrate einher.

Zwar hat sich auch in Skandinavien und Frankreich der Zeitpunkt der ersten Schwangerschaft nach hinten verschoben, aber die Zahl der Geburten ist in diesen Ländern deutlich höher als in den eher traditionell ausgerichteten Ländern wie Deutschland.

Die OECD gibt folgende Empfehlungen:
1. Der Schwerpunkt der Ausgaben muss anders gesetzt werden. Geld muss richtig ausgegeben werden. Die Förderung qualifizierter Kinderbetreuung sollte demnach Vorrang haben vor Steuererleichterungen und direkten Transferleistungen.

2. Es muss mehr in die frühe Förderung von Kindern investiert werden. Derzeit geht der Löwenanteil in die Förderung der Altersgruppe 12 bis 17 Jahre.
3. Die Möglichkeiten, Beruf und Familie zu vereinbaren, müssen für *beide Eltern* verbessert werden. Eltern brauchen Verlässlichkeit und Planbarkeit, wie sie ihr Familienleben, die Kinderbetreuung und ihr Arbeitsleben organisieren können.

Der Experte Willem Adema, der seit 1999 bei der OECD für Familienpolitik zuständig ist, kommt zu dem Schluss, dass Deutschland bei der Kinderarmut, bei der Kinderbetreuung sowie bei der Erwerbstätigkeit von Frauen im OECD-Vergleich ziemlich schlecht abschneidet. Das Elterngeld allerdings hält er für die richtige Maßnahme, weil die Mütter dadurch vermutlich weniger lang aus dem Beruf aussteigen.

Österreich — Rückkehr zum traditionellen Rollenbild?

Interessant ist, dass die traditionelle Rollenaufteilung zwischen Männern und Frauen in unserem Nachbarland ganz ähnlich aussieht wie bei uns.

Untersuchungen des Instituts für Soziologie an der Universität Wien zeigen, dass der Anteil der Haushalte mit der klassischen Arbeitsteilung »Mann arbeitet Vollzeit, die Frau geringfügig oder Teilzeit« zwischen 1995 und 2013 sogar von 11 auf 25 Prozent gestiegen ist.

Zwar ging der Anteil der nicht erwerbstätigen Mütter fast um die Hälfte zurück. Aber diese wechselten vor allem in Teilzeitbeschäftigungen. In Deutschland, Frankreich und sogar im konservativ-katholisch geprägten Spanien weist der Trend eher in Richtung Doppelverdienermodell — also beide arbeiten Vollzeit — und somit weiter nach oben. In Österreich dagegen ist die Tendenz eher fallend, sagt Roland Verwiebe, Vorstand am Institut für Soziologie in einem Interview mit dem Österreichischen Rundfunk im Juni 2014.

Auch im vorbildlichen Skandinavien gebe es hohe Teilzeitraten bei Frauen, meinte Arbeitsmarktexpertin Ulrike Famira-Mühlberger vom Wirtschaftsforschungsinstitut (WIFO) im ORF-Interview. Aber die wöchentlichen Arbeitsstunden betragen dort zwischen 30 und 35 Stunden, nähern sich also an einen

Vollzeitarbeitsplatz an. Und sie sind mit dem Recht auf einen Kinderbetreuungsplatz verbunden.

In Österreich arbeiten Frauen im Schnitt deutlich weniger als 30 Stunden pro Woche. »Österreich hat im europäischen Kontext mit die geringsten Betreuungsquoten vor allem bei kleinen Kindern«, so Verwiebe. Besonders auf dem Land sei die Versorgung mit Betreuungsplätzen, die eine Erwerbstätigkeit beider Eltern ermöglichen, gering.

Besser sei die Situation bei den Drei- bis Fünfjährigen, allerdings mit großen Unterschieden in den einzelnen Bundesländern. Mit dem Schulalter beginne dann das Betreuungsproblem von Neuem. Denn auch hier fehle es an hochwertigen Betreuungseinrichtungen.

»Österreich ist Spitzenreiter bei der kollektiven Ablehnung und ausgeprägtem Skeptizismus, was die Erwerbstätigkeit von Müttern mit kleinen Kindern betrifft«, betont Verwiebe.

Rund 60 Prozent der Österreicher sind der Meinung, dass ein Vorschulkind leidet, wenn die Mutter arbeitet. In Frankreich sind es 30 Prozent, in Spanien 43 Prozent, in Deutschland 47 Prozent, wie das Institut für Soziologie an der Universität Wien herausgefunden hat. International aber gehe die Ablehnung arbeitender Mütter zurück (vgl. www.soz.univie.ac.at).

Gute Vorbilder: Schweden und Frankreich

Wer seit Jahren die Diskussion in Deutschland über die Vereinbarkeit von Beruf und Familie mit allen verwandten Themen verfolgt, der kann nur noch den Kopf schütteln. Deutschland ist zwar ein hoch entwickeltes Land und Exportweltmeister. Familienpolitisch aber befinden wir uns immer noch auf den hinteren Rängen in Europa.

Dabei machen uns andere Länder vor, wie es gehen kann, und zwar schon sehr lange. Als vorbildlich gelten Frankreich und die skandinavischen Länder. Für Skandinavien haben wir als Beispiel Schweden ausgewählt.

Schweden

Ziel der schwedischen Familienpolitik ist es, Frauen und Männer beruflich möglichst gleichzustellen. Leitbild der schwedischen Familienpolitik ist deshalb das Doppelversorgermodell mit dem Ziel einer partnerschaftlichen Teilung der Erwerbsarbeit wie der unbezahlten Fürsorgearbeit.

Schon 1972 wurde die getrennte steuerliche Veranlagung der Ehepartner eingeführt. Damit entfiel die bisherige steuerliche Förderung der Alleinverdienerehe durch das Ehegattensplitting. Zur sozialen Sicherung älterer Ehepaare gab es Übergangsfristen.

Nach Auffassung vieler Schwedinnen war das ein entscheidender Schritt zur Gleichstellung von Mann und Frau. 1974 wurde das staatlich finanzierte Elterngeld eingeführt: Eltern, die wegen ihres Kindes ihre Erwerbstätigkeit unterbrechen, erhalten für insgesamt 16 Monate Elterngeld. Mindestens zwei Monate davon muss jeder Elternteil nehmen. Die anderen Monate können die Eltern aufteilen, wie sie wollen. Wer vor der Geburt des Kindes gearbeitet hat, erhält 13 Monate lang 80 Prozent des bisherigen Bruttoverdienstes als Lohnersatzleistung. Für die restlichen drei Monate gibt es eine Pauschale von 20 Euro am Tag (Duvander/Ferrarini 2013).

Allen Eltern wird eine öffentliche Kinderbetreuung garantiert und zwar auf Ganztagsbasis. Die meisten Kinderbetreuungs-Einrichtungen sind von 6.30 bis 18.30 Uhr geöffnet. Die von den Eltern zu zahlenden Gebühren richten sich nach der Betreuungsdauer und dem Einkommen der Eltern. Die Gebühren sinken mit der Zahl der Kinder in einer Familie. Diese Gebühren decken durchschnittlich nur 11 Prozent der realen Kosten eines Vorschulplatzes. Das heißt, die Kinderbetreuung wird vom Staat stark subventioniert (EUPIC 2014).

In den schwedischen Betreuungseinrichtungen arbeitet fast ausnahmslos sehr gut ausgebildetes Personal. Etwa 60 Prozent der Lehrerinnen und Lehrer im Vorschulbereich haben ein dreijähriges Hochschulstudium absolviert. Die übrigen sind ausgebildete Erzieherinnen oder Erzieher (Ellingsæter/Gulbrandsen 2007).

77 Prozent aller Ein- bis Dreijährigen und 97 Prozent aller Vorschulkinder sind in einer Kita untergebracht.

Vom 7. bis 16. Lebensjahr werden in Schweden alle Kinder gemeinsam in einer Gesamtschule unterrichtet. Sie ist eine Halbtagsschule, der Unterricht geht von 8.00 oder 8.30 Uhr bis 13.00 bzw. 14.00 Uhr. Die letzten Jahrgangsstufen haben länger Unterricht. Nachmittags werden die Kinder der Altersgruppe 7 bis 12 Jahre in sogenannten *leisure-time centres* betreut. Sie entsprechen vom Konzept her einem Kinderhort.

Die Kommunen sind verpflichtet, für Kinder bis zum Alter von 12 Jahren eine nachschulische Betreuung zu gewährleisten. Seit 1998 wird eine Integration von Vorschule, Pflichtschule und außerschulischer Betreuung gefördert (EU 2013).

Fazit: In Schweden, wie auch in anderen skandinavischen Ländern, ist die Familienpolitik seit den 70er-Jahren eng verknüpft mit einer aktiven Politik zur Gleichstellung von Frauen und Männern in allen Bereichen der Gesellschaft. Die Möglichkeiten von Frauen, ihr eigenes Leben selbstbestimmt zu gestalten, haben sich dadurch erheblich verbessert.

Frankreich

Ein wichtiges Ziel in der französischen Familienpolitik ist die Erhöhung der Geburtenrate. Die finanzielle Förderung von Familien ist voll auf dieses Ziel ausgerichtet. In Frankreich gibt es kein Ehegattensplitting, von dem nur Verheiratete profitieren. Praktiziert wird vielmehr ein Familiensplitting (*quotient familial*). Dabei orientiert sich die Höhe der zu zahlenden Einkommensteuer an der Zahl der in einem Haushalt lebenden Familienangehörigen. Es fließt also auch die Anzahl der Kinder in die Steuerberechnung mit ein. Weil davon – wie beim Ehegattensplitting – nur Bezieher höherer Einkommen profitieren, steht das Familiensplitting in der Kritik.

Die Berufstätigkeit von Frauen war lange nicht erwünscht, weil befürchtet wurde, sie könnte sich nachteilig auf die Geburtenrate auswirken. Die steigende Erwerbsquote von Frauen in den 70er-Jahren zwang zum Umdenken. Die Vereinbarkeit von Beruf und Familie wurde zum politischen Thema.

1985 gab es ein Erziehungsgeld nur für Mütter mit drei und

mehr Kindern. Ab 1994 wurden Mütter mit zwei Kindern einbezogen, und seit 2004 erhalten alle Mütter mit Kindern unter drei Jahren ein Erziehungsgeld.

Seit Juli 2014 erhalten Eltern nur noch dann drei Jahre Erziehungsgeld, wenn der Vater mindestens sechs Monate davon übernimmt. Ziel der Regierung ist, dass bis 2017 etwa 100 000 Väter Elternzeit nehmen.

Das Krippenangebot für Kinder unter drei Jahren ist derzeit noch nicht ausreichend. Bis 2017 sollen deshalb 275 000 zusätzliche Betreuungsangebote für Kinder unter drei Jahren geschaffen werden.

Ergänzend zum Angebot der öffentlichen Kinderbetreuung gibt es ein Netz von Tagesmüttern. Diese *assistantes maternelles agrées* werden, anders als in Deutschland, vom Staat ausgebildet und unterliegen regelmäßigen Kontrollen. Die Eltern erhalten Zuschüsse für Gehalt und Sozialversicherung der Kinderfrauen. Es gilt die Regel, dass niemand mehr als zehn Prozent seines Einkommens für seine Kinder aufbringen soll.

Zwei Drittel der Kinder unter drei Jahren werden von Tagesmüttern betreut.

Ab dem vollendeten dritten Jahr haben Kinder einen Rechtsanspruch auf einen Platz in der Vorschule, der *école maternelle*, die fast 100 Prozent der Kinder besuchen. Die Öffnungszeiten sind wie in der Grundschule von 8.30 Uhr bis 16.30 Uhr. Ein Mittagessen ist obligatorisch. Alle Schulen, von der Grundschule (*école primaire*) bis zum Gymnasium (*lycée*), sind Ganztagsschulen, die es im Übrigen in Frankreich schon seit 1881 gibt!

Fazit: In Frankreich wurde die Berufstätigkeit von Frauen nicht nur durch den Ausbau der Kinderbetreuung unterstützt, sondern auch durch gesetzliche Maßnahmen zur Frauenförderung. Schon 1974 gab es das Programm »Hundertundeine Maßnahme«. Es sollte den Abbau der Diskriminierung am Arbeitsplatz, die Öffnung von Männerberufen für Frauen und noch vieles mehr voranbringen. Die gesetzlichen Regelungen zur Durchsetzung der Gleichheit von Frauen und Männern werden seither geprüft und konsequent weiterentwickelt.

2011 wurde das Gesetz über eine Quotenregelung in Aufsichts- und Verwaltungsräten angenommen. Es sieht vor, dass binnen sechs Jahren Aufsichts- und Verwaltungsräte je zu 40 Prozent mit Frauen besetzt sein müssen.

2014 beschloss das Parlament die Eckpunkte für ein Gleichstellungsgesetz, das den Abbau der Ungleichheit von Frauen und Männern zum Beispiel in Wirtschaft, Familie und Politik fördern soll. Ein Schwerpunkt des Gesetzes ist die Beteiligung der Väter an der Kindererziehung.

Ein großer Erfolg der französischen Frauenförderung ist, dass die Berufstätigkeit von Müttern nicht nur möglich ist, sondern in der Bevölkerung auch akzeptiert wird. Frauen mit und ohne Kinder sind in Frankreich überwiegend ganztägig im Beruf. Eine Halbtagsbeschäftigung gilt als diskriminierend und als Risiko für die Alterssicherung. Sie ist deshalb bei Frauen nicht beliebt.

Von anderen Ländern lernen

Was können wir von Schweden und Frankreich lernen?

Beide Länder nehmen die Unterstützung von Eltern bei der Vereinbarkeit von Kinderbetreuung und Beruf ernst. Sie ermöglichen es Eltern, ganztägig berufstätig zu sein. Eltern, die gern mehr Kinder hätten, werden durch die guten Rahmenbedingungen ermuntert, ihre Wünsche zu realisieren. Frankreich und Schweden liegen deshalb in Europa bei der Geburtenrate an der Spitze.

Frankreich hat durch gesetzliche Regelungen die Position von Frauen am Arbeitsplatz gestärkt. Schweden ist es durch eine umfassende Gleichstellungspolitik gelungen, die Väter mehr in die Verantwortung für ihre Kinder miteinzubeziehen und die Wirtschaft zu einem Umdenken in der Arbeitsorganisation zu bringen.

Verteidigungsministerin Ursula von der Leyen hat auch im außereuropäischen Ausland als jobsuchende Mutter positive Erfahrungen gemacht, wie sie Renate Schmidt erzählte.

»Sie haben den Job!«

Vor vielen Jahren war Ursula von der Leyens Mann in den USA tätig. Ursula von der Leyen, damals Mutter von fünf Kindern, bewarb sich auf eine Stelle und wurde zu einem Bewerbungsgespräch eingeladen.

Frage des Personalchefs: »Sie haben fünf Kinder?«

Von der Leyen bejahte die Frage mit Herzklopfen, weil sie dachte: »Jetzt ist es aus.«

Die überraschende Antwort des Personalchefs lautete: »Sie haben den Job!«

Ursula von der Leyen betonte in einem Interview mit dem *Handelsblatt* aus dem Jahr 2011: »In den USA diskutiert keiner, was mit Kindern alles *nicht* geht. Da heißt es vom Arbeitgeber ›Du kannst was!‹ und ›Wir brauchen dich‹. Das macht selbstbewusst, beharrlich. Die Amerikaner fragen nicht: Wer bleibt zu Hause? Sondern: Wie können wir jungen Paaren helfen? Dazu kommt eine Haltung, die ich hier auch gern ausgeprägter hätte: Wow, wir haben so viele brillante junge Frauen, wir wären dumm, ihr Potenzial nicht voll zu nutzen« (Gillmann/ Kewes/Brors 2011).

Bei uns werden im Gegensatz dazu Mütter mit jüngeren Kindern meist »ausgemustert«. Alleinerziehende schaffen es nicht mal bis zum Vorstellungsgespräch.

6 Armutsfallen für Frauen

Helma Sick

Seit fast 30 Jahren berate ich Frauen in finanzieller Lebensplanung. Junge Frauen und ältere, Frauen mit viel und Frauen mit wenig Geld. Und immer wieder und immer noch begegnen mir dabei die gleichen Lebensmuster und Lebensverläufe.

Wie in diesem Buch schon öfter dargestellt, schlagen sich die Folgen einer widersprüchlichen Politik im geringen Alterseinkommen von Frauen nieder – aber auch die oft kurzsichtigen Lebensentscheidungen, die von beiden Partnern ausgehen, deren negative Folgen aber meist nur die Frauen treffen.

Weiblich, alt und arm, das ist auf jeden Fall ein Faktor zu viel, meinte einmal Alice Schwarzer. Und da hat sie mit Sicherheit recht.

Dass Frauenrenten immer noch nur etwa die Hälfte der Männerrenten ausmachen, dass viele Frauen deshalb im Alter Grundsicherung beantragen müssen oder mit ihrer Rente nur knapp darüber liegen, das ist die harte Realität.

Aber Altersarmut von Frauen ist kein Naturgesetz, sondern ein jahrzehntelanges Zusammenwirken von diskriminierenden Faktoren wie der Lohnungleichheit oder falscher staatlicher Familiensubventionierung, die den Ausstieg von Frauen aus dem Beruf belohnt, vor allem, wenn sie verheiratet sind. Es liegt aber auch an der Blauäugigkeit vieler Frauen, die auf ein Familienmodell vertrauen, das so schon lange nicht mehr funktioniert.

Der traditionelle Weg in die Altersarmut

Mütterlichkeit, Aufopferung für andere sowie Bescheidenheit gelten immer noch als überwiegend weibliche Tugenden. Häufig erzieht eine Frau ein oder mehrere Kinder, arbeitet dann im Minijob oder in Teilzeit mit geringer Stundenzahl. Sind die Kinder groß, sind meist die eigenen Eltern alt und brauchen Hilfe.

Kommt frau dann selbst in die Jahre, ist sie nicht nur alt, häufig ist sie auch allein, denn jede zweite Frau überlebt ihren Mann. Und besonders oft ist sie dann arm. Wie soll es auch anders sein, sie hat ja kaum in die gesetzliche Rentenversicherung eingezahlt. Eigenes Geld zum Aufbau einer privaten Rente stand ihr bei diesem Lebensmodell ebenfalls nicht zur Verfügung.

Die Folgen sind bekannt. Wir haben zwar schon an anderer Stelle die Zahlen genannt, führen sie aber wegen der Brisanz noch einmal in Abbildung 3 auf (siehe nächste Seite).

Der Grund für die geringen Frauenrenten vor allem in den alten Bundesländern liegt in der Kombination der klassischen Armutsfallen:

Kindererziehung + Minijob + Elternpflege
= Altersarmut!

Abb. 3 Weiblich, arm, abgehängt

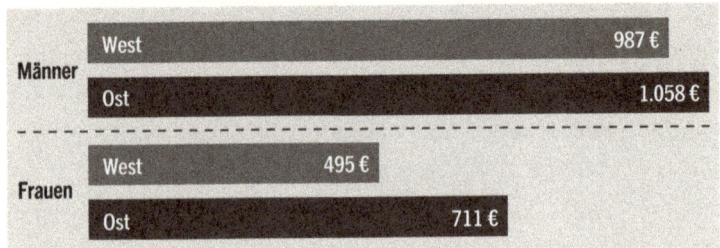

Aus: Frauen auf Erfolgskurs, Broschüre der IG Metall
Quelle: Deutsche Rentenversicherung: Rentenversicherung in Zahlen 2012

Kindererziehung

Natürlich ist es nicht die Elternzeit an sich, die sich so negativ auf die spätere Rente auswirkt, sondern die *Dauer* der Berufsunterbrechung. In diesem Buch ist noch öfter davon die Rede.

Kleine Kinder brauchen elterliche Fürsorge, und Eltern möchten gern die ersten Jahre ihres Kindes bewusst erleben. Das ist verständlich, und wenn es um die ersten zwei, drei Jahre geht, ist das auch kein Problem. Aber keine Frau kann es sich heute noch leisten, viele Jahre aus dem Beruf auszusteigen. Bisher ist es doch so, dass die gemeinsame Entscheidung der beiden Partner für ein Kind ausschließlich zulasten der Frau geht. Das kann so nicht bleiben. Fair wäre es, wenn Frau und Mann sich die Elternzeit teilen. Dann müsste keiner von beiden zu lange aus dem Beruf aussteigen. Das bringt den Frauen Entlastung und verhindert berufliche Nachteile. Und mit Sicherheit bringt es den Kindern neue Erfahrungen und den Vätern viel Freude.

Und für Kinder ist es gut, wenn sie lernen, dass es normal ist, wenn Mütter einen Beruf haben und diesen auch ausüben.

Es ist kaum zu glauben, aber leider doch wohl allzu wahr, was in der *Süddeutschen Zeitung* vom 5./6. Juli 2014 zu lesen war: »Auf einem Autorastplatz besuchen Vater und Sohn die öffentlichen Toiletten. Der kleine Junge ist total begeistert von der rotierenden Klobrille und fragt aufgeregt, warum die sich dreht. Der Vater erklärt das moderne Prinzip der Selbstreinigung. Da fragt der Kleine bass erstaunt, warum sie denn zu Hause nicht auch so ein Teil hätten, worauf der Vater lässig meint, da bräuchten sie das ja nicht. Es kommt, was kommen muss vom Filius: ›Und warum nicht?‹ Bevor der Vater antworten kann, fällt es dem Kleinen selber ein. Klar doch, daheim macht das ja die Mama …« (Deininger 2014).

Minijob

Die Auswirkungen der Minijobs sind gravierend. In keinem anderen europäischen Land gibt es so viele Minijobber wie in Deutschland. 7,3 Millionen sind es insgesamt, und 4,6 Millionen davon sind Frauen. Die Zahlen sprechen für sich:

- 82 Prozent der Frauen, die im Minijob arbeiten, sind verheiratet und leben mit ihrem Ehepartner zusammen.
- 34 Prozent haben Kinder unter 18 Jahren.
- 33 Prozent haben keine familiären Verpflichtungen.
- 34 Prozent arbeiten bereits zehn Jahre und länger im Minijob, 55 Prozent über sechs Jahre und 76 Prozent länger als drei Jahre.
- 76 Prozent der Minijobberinnen hatten seit ihrem ersten Minijob nicht eine einzige sozialversicherungspflichtige Beschäftigung.
- Für 60 Prozent der Frauen mit Minijob war dieser keine Brücke in eine sozialversicherungspflichtige Beschäftigung, die ein Einkommen zur Existenzsicherung und Altersvorsorge ermöglicht.
- Für mehr als drei Viertel der Frauen im Minijob, die eine qualifizierte Berufsausbildung haben, ist die geringfügige Beschäftigung zur einer Dauererwerbsform geworden.

Das Problem: Minijobs sind für viele sehr verlockend, weil auf die 450 Euro kaum Steuern und Sozialabgaben zu zahlen sind. Seit 1. 1. 2013 sind zwar alle neuen Minijobs grundsätzlich rentenversicherungspflichtig. Wer dies jedoch nicht will, kann sich davon befreien lassen, und die meisten Frauen tun dies auch! Aber auch diejenigen, die ihren geringen Beitrag in die gesetzliche Rentenversicherung leisten, haben im Alter kaum eine Chance, der Grundsicherung (früher: Sozialhilfe) zu entgehen.

Eine *Brigitte*-Leserin schrieb mir einmal: »Sie äußern sich oft sehr negativ über Minijobs. Aber da zahlt man doch jetzt auch in die gesetzliche Rentenversicherung ein und schafft sich eine eigene Rente. Wo also ist das Problem?«

Das ist schnell beantwortet, denn wer 45 Jahre lang zusammen mit dem Arbeitgeber über einen Minijob in die gesetzliche Rentenversicherung einzahlt, schafft sich damit eine gesetzliche Rente von 139,95 Euro. Das ist ein Witz, zum Leben zu wenig und zum Sterben zu viel, wie es so schön heißt.

Deshalb ist die bittere Erkenntnis der Expertinnen und Experten, die den ersten Gleichstellungsbericht für die Bundesregierung erstellt haben: 450-Euro-Jobs sind für Frauen desaströs. Sie führen in Sackgassen. Denn Frauen laufen Gefahr, ihre beruflichen Kompetenzen zu verlieren. Es ist bekannt: Wer einmal im Minijob war, nimmt danach kaum wieder eine sozialversicherungspflichtige Arbeit auf.

Elternpflege

Die Studie »Pflege zwischen Familie, Markt und Staat« der Friedrich-Ebert-Stiftung vom Dezember 2013 zeigt es drastisch: In Deutschland wird ganz selbstverständlich davon ausgegangen, dass unbezahlte Pflegearbeit überwiegend von Frauen übernommen wird. Genannt wird es »familienbasiertes Pflegesystem«, im Gegensatz zu dem erfolgreichen »servicebasierten Pflegesystem« der skandinavischen Staaten. Möglich wird dieses System durch ein überholtes Ehemodell, das von einem Hauptverdiener und einer Zuverdienerin ausgeht. Da Letztere ohnehin wenig verdient, steht sie also eher für die unbezahlte Pflegearbeit zur Verfügung, so offenbar die Überlegung.

Zwei Drittel der privaten Pflegearbeit wird bei uns von Frauen geleistet. Das Durchschnittsalter dieser Frauen liegt zwischen 50 und 60 Jahren, sie sind also in einer Lebensphase, in der sie noch berufstätig sind bzw. sein könnten. Viele Frauen, die Angehörige zu versorgen haben, müssen wegen der Pflege ihre Arbeit aufgeben oder reduzieren sie auf Teilzeit.

Das Durchschnittsalter pflegender Männer dagegen liegt bei 80! Sie sind also meist schon im Ruhestand und pflegen überwiegend ihre Lebensgefährtin, wenn diese Hilfe braucht.

Die Vereinbarkeit von Beruf und Familie ist also auch in diesem Bereich nicht gegeben und wird, wie die Kinderbetreuung, überwiegend als Problem der Frauen angesehen.

Frauen geraten hier ebenfalls in finanzielle Abhängigkeit vom Partner oder vom Staat.

Wenn es um Fürsorge für andere geht, wird eben leider immer noch davon ausgegangen, dass das Tätigkeiten sind, die Frauen quasi von Natur aus am besten können.

Das deutsche Modell kann keine Zukunft haben. Menschen leben heute nicht mehr in Großfamilien, wo jeder einen Teil der Pflegearbeit leistet. Immer mehr Frauen arbeiten, können also schon aus zeitlichen Gründen die Pflege nicht übernehmen. Dazu kommt, dass pflegende Angehörige enorm belastet sind, psychisch wie physisch. Nicht selten brechen wegen dieser hohen Belastung Familien auseinander.

In der Studie der Friedrich-Ebert-Stiftung ist zu lesen, dass Pflegende zum Beispiel dreimal häufiger gefährdet sind, depressiv zu werden als nicht pflegende Menschen. Und dass sie weit über dem Durchschnitt an chronischen Krankheiten leiden.

Pflegearbeit ist Schwerstarbeit, sie gehört deshalb in professionelle Hände, also in die Hände von Menschen, die dafür ausgebildet wurden. Andere Länder machen vor, wie es geht: Alten-Wohngemeinschaften in verschiedenen Stadtteilen, flächendeckende Angebote für Tagespflege und Kurzzeitpflege usw. sind Lösungen, auf die wir noch warten. Warum ein reiches Land wie Deutschland nicht von anderen Ländern lernen kann, erschließt sich mir nicht.

Das Problem einer drastisch alternden Gesellschaft mit zunehmender Pflegebedürftigkeit und Demenz kann und darf nicht als private Angelegenheit verstanden werden. Pflege muss eine gesellschaftliche Aufgabe sein, so wie das in den skandinavischen Ländern der Fall ist. Dort liegt die Fürsorge für alte Menschen in den Händen der Kommunen, Gemeinden und Landkreisen. Private Träger, die in Deutschland überwiegen, spielen dort kaum eine Rolle.

Weitere Armutsgründe

Neben diesen klassischen Faktoren gibt es noch eine Reihe anderer Gründe, warum Frauen so wenig Rente erhalten. Sie liegen in den altbekannten Strukturen, die sich seit Jahrzehnten kaum verändern.

Teilzeit

69 Prozent der berufstätigen Mütter arbeiten Teilzeit. Die Teilzeitquote von Männern beträgt lediglich fünf Prozent.

Es gibt einen gesetzlichen Anspruch, von einer Vollzeitstelle in Teilzeitarbeit zu wechseln. Aber es gibt immer noch keinen Anspruch auf Umwandlung einer Teilzeit- in eine Vollzeitstelle.

Solange Kinder klein sind, ist Teilzeitarbeit vorübergehend

sicherlich sinnvoll. Aber es gibt europaweit große Unterschiede beim Umfang von Teilzeitarbeit. In Deutschland wird mit der geringsten Stundenzahl gearbeitet, nämlich mit im Durchschnitt nur 18,5 Wochenstunden. In anderen Ländern sind es 25 Wochenstunden und mehr. Das schlägt sich natürlich auch in der Höhe der Altersrente nieder.

Wie verheerend sich lange bzw. dauerhafte Teilzeit auf die eigene Rente auswirkt, zeigen die folgenden Tabellen:

Tab. 3 Rente ab 67 – Beispiel Arzthelferin

durchschnittliches monatliches Bruttoentgelt
bei Vollzeitstelle = 1850 € | bei Teilzeitstelle (50 %) = 925 €

Vollzeitjahre	Teilzeitjahre	Bruttorente	Nettorente*
45		819,96 €	735,92 €
25		455,53 €	408,84 €
30	+ 15	683,30 €	613,26 €
10	+ 30	455,53 €	408,84 €
12	+ 18	382,65 €	343,43 €
	20	182,21 €	163,54 €

Tab. 4 Rente ab 67 – Beispiel Dipl.-Betriebswirtin (Marketing)

durchschnittliches monatliches Bruttoentgelt
bei Vollzeitstelle = 5500 € | bei Teilzeitstelle (50 %)= 2750 €

Vollzeitjahre	Teilzeitjahre	Bruttorente	Nettorente*
45		2437,72 €	2187,86 €
25		1354,29 €	1215,48 €
30	+ 15	2031,44 €	1823,21 €
10	+ 30	1354,29 €	1215,48 €
12	+ 18	1137,60 €	1021,00 €
	20	541,72 €	486,19 €

* nach Abzug von 10,25 % Anteil an Kranken- und Pflegeversicherung
Quelle: Rentenberaterin Adeline Klinge, Dipl.-Verwaltungswirtin (FH)

Laut Statistischem Bundesamt reduzieren viele Frauen ihre wöchentliche Arbeitszeit sogar schon dann, wenn sie lediglich mit ihrem Partner zusammenziehen.

Die Frau reduziert ihre Arbeitszeit, damit sie sich um den Haushalt kümmern kann, der Mann arbeitet weiter wie bisher. Und das alles, noch bevor das erste Kind da ist. Stellt sich dann Nachwuchs ein, reduzieren Frauen ihre Arbeitszeit weiter, Männer arbeiten noch mehr, und das bleibt dann auch so.

Abb. 4 Mütter treten kürzer, Väter nicht

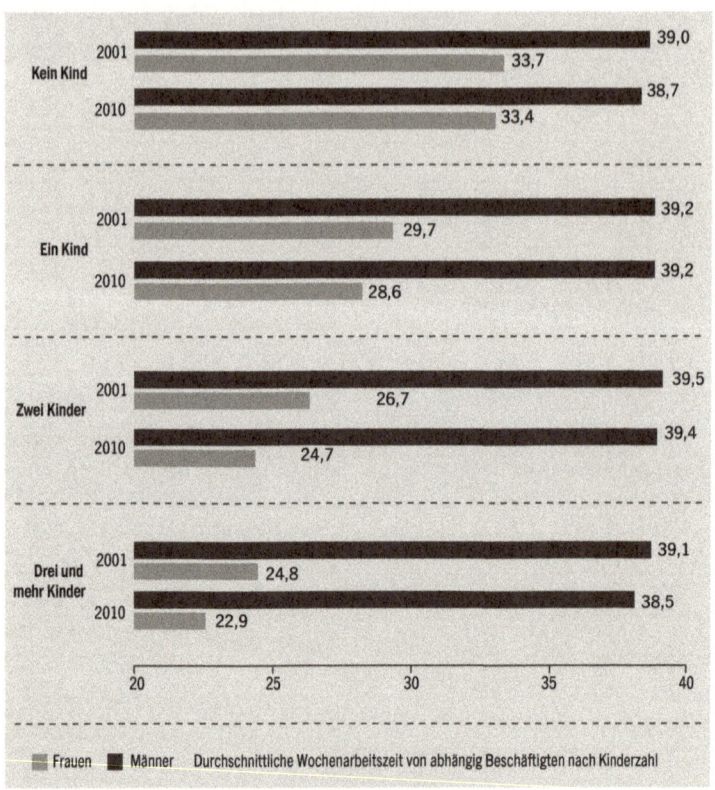

Aus: Frauen auf Erfolgskurs, Broschüre der IG Metall
Quelle: Statistisches Bundesamt, Mikrozensus, Sonderauswertung

Ungleiche Bezahlung
Gleicher Job – unterschiedliche Gehälter

Lotte, 45, Lektorin, erfährt zufällig, dass ihr männlicher Kollege deutlich mehr verdient als sie – obwohl beide examinierte Literaturwissenschaftler sind und eine ähnlich lange Berufserfahrung vorweisen können. Empört wendet sie sich an den Personalchef des Verlags. Und der gibt unumwunden zu: »Das ist historisch so gewachsen, das können und werden wir nicht verändern.«

Eine Untersuchung des Wirtschafts- und Sozialwissenschaftlichen Instituts (WSI) in der gewerkschaftsnahen Hans-Böckler-Stiftung aus dem Jahr 2013 zeigt: Es gibt immer noch gravierende Lohnunterschiede.

Frauen werden schon beim Einstieg in den Beruf schlechter bezahlt als Männer. Bei ungelernten Beschäftigten besteht ein Abstand von 8,7 Prozent zwischen Mann und Frau. Dieser Abstand wächst im Lauf des Arbeitslebens. Frauen mit dreijähriger Berufserfahrung verdienen ca. 19 Prozent weniger als ihre männlichen Kollegen, später sind es sogar 22 Prozent. Der Unterschied wird umso krasser, je höher die Gehälter sind.

Nicht selten werden Frauen in eine schlechtere Gehaltsgruppe eingestuft als ihre männlichen Kollegen. Folgt eine Frau einem Mann auf einer Stelle nach, ist ihr Gehalt häufig niedriger als das des männlichen Vorgängers.

Die Ursachen für die schlechtere Bezahlung von Frauen seien weder ihre Qualifikation noch eine spezielle Berufswahl. Die Ergebnisse, so führt die Studie aus, verweisen vielmehr auf das Fortbestehen geschlechtsspezifischer Lohndiskriminierung. Das heißt, dass Frauen bei gleicher oder gleichwertiger Arbeit allein wegen ihres Geschlechts weniger Entgelt bekommen.

Die Folgen des Einkommensunterschieds: Frauen zahlen

weniger in die gesetzliche Rentenversicherung ein – entsprechend gering fallen ihre Rentenansprüche aus. Sie sind also gleich zweimal benachteiligt.

Geringer Verdienst in Berufen
mit hohem Frauenanteil

Ob Grundschullehrerin, Erzieherin, Altenpflegerin oder Krankenschwester – sie werden dringend gebraucht, aber traditionell schlecht bezahlt. Wenn Männer in diesen Berufen arbeiten, dann meist, weil ihnen eine leitende Position angeboten wird.

Wir brauchen also dringend eine Aufwertung der Berufe, in denen bisher überwiegend Frauen tätig sind. Pflege, Erziehung und Gesundheit sind mit Sicherheit auch künftig stark gefragte Branchen. Aber leider ist es bisher so: Werden Berufe mehrheitlich von Frauen ausgeübt, verlieren sie an Ansehen und Wertschätzung. Die Rahmenbedingungen verschlechtern sich, egal um welche Tätigkeit es sich handelt.

Es muss aber auch erwähnt werden, dass die beliebtesten Studiengänge für Frauen nach wie vor Germanistik, Kunst, Literatur und Sprachen sind. Sie wählen damit Berufsfelder, in denen es kaum lukrative Stellenangebote gibt.

Jeder zweite männliche Studienanfänger entscheidet sich für ein sogenanntes MINT-Fach (Mathematik, Informatik, Naturwissenschaften, Technik). Und das sind genau die Fächer, in denen traditionell sehr gut verdient werden kann. Bei Frauen wählt nur jede vierte Studienanfängerin so ein Fach. Aber es tut sich einiges, wenn auch nur langsam. Heute studieren überwiegend Frauen Biologie. Und Frauen stellen zwei Drittel der Studienanfänger im Medizinstudium.

Seite an Seite im Familienbetrieb

Man könnte meinen, dies sei die ideale Möglichkeit für Frauen, Beruf und Familie gut miteinander zu verbinden, eigenes Geld zu verdienen, finanziell unabhängig zu bleiben und damit auch fürs Alter vorzusorgen. Aber leider sieht die Realität ganz anders aus.

Sehr viele Frauen, die im Geschäft, in der Firma, der Kanzlei oder der Praxis ihres Mannes arbeiten, tun dies entweder ganz ohne Bezahlung oder in Form eines Minijobs, also auf 450-Euro-Basis, und damit nur geringfügig sozialversicherungspflichtig. So sind sie billige und jederzeit verfügbare Arbeitskräfte.

Hier muss sich dringend etwas ändern! Jede mitarbeitende Ehefrau sollte auf einer angemessenen, sozialversicherungspflichtigen Entlohnung für ihre Tätigkeit bestehen. Das heißt, sie sollte darauf dringen, fest angestellt zu werden und ein Gehalt zu beziehen. Dazu gehört neben der Einzahlung in die gesetzliche Rentenversicherung selbstverständlich auch eine ausreichende zusätzliche Absicherung fürs Alter, wie zum Beispiel eine betriebliche Altersversorgung oder Riester-Rente.

»Ich bin gern für meine Familie da!«

Dem Mann den Rücken frei halten und irgendwann selbst mit dem Rücken zur Wand stehen? Sich auf den Partner verlassen und womöglich selbst verlassen werden?

Viele Frauen sehen das nicht so. Wenn jede zweite Ehe scheitert, meinen sie, dann heißt es doch aber auch, dass jede zweite gelingt. Ja, richtig, kann ich da nur sagen. Aber woher weiß frau, zu welcher Hälfte sie gehört?

Was viele Frauen einfach nicht sehen wollen: Kinder können nicht auf Dauer der alleinige Lebensinhalt sein. Die Zeit, in der ein Kind ausschließlich auf die Fürsorge der Eltern angewiesen ist, ist immer zeitlich begrenzt.

Und was kommt danach? Eine heute 25-Jährige kann weit über 90 Jahre alt werden. Angenommen, sie lebt in einer Partnerschaft und hat zwei Kinder. Was ist, wenn die Kinder aus dem Haus sind? Die Ehe vielleicht geschieden, der Weg in eine Berufstätigkeit mangels Erfahrung versperrt? Was macht sie dann, ohne Partner, ohne Job, ohne Unterhaltsanspruch?

»Mein Mann sorgt für mich!«

Seit 20 Jahren sage und schreibe ich immer wieder: »Ein Mann ist keine Altersversorgung.« Flächendeckend hat sich diese Erkenntnis aber noch nicht durchgesetzt.

»Bei mir wird es nicht so weit kommen«

Vivian ist 42, hat Germanistik studiert, aber nur einige Jahre gearbeitet. Denn dann lernte sie Wolfgang kennen, mit dem sie nun seit 12 Jahren verheiratet ist. Sie ist der Meinung, dass sie keine Altersversorgung braucht, weil sie ja über ihren Mann abgesichert ist. Der verdient ziemlich gut. Dass Wolfgangs erste Ehe in die Brüche ging, bereitet Vivian keine großen Kopfschmerzen. Nichts spricht ihrer Meinung nach dafür, dass es bei ihnen einmal so weit kommen könnte. Und wenn doch, würde sie ja auf den Versorgungsausgleich bauen können. Auf den Altersunterschied zum 60-jährigen Wolfgang angesprochen, meint sie, dass ihr ja im allerschlimmsten Fall die Witwenrente bliebe.

Das alles ist im Prinzip richtig, aber einer Frau wie Vivian würde ich immer empfehlen, sich fachlich beraten zu lassen, bei einer Beratungsstelle der Deutschen Rentenversicherung oder bei einem der zugelassenen Rentenberater – um zuverlässig zu erfahren, ob ihre Annahmen auch genau so zutreffen, wie sie sich das ausmalt.

Dort würde sie schnell auf den Boden der Tatsachen zurückgeholt: Bei einer Scheidung werden nur die Versorgungsansprüche halbiert, die während der Ehezeit entstanden sind. Da Wolfgang schon einmal 27 Jahre lang verheiratet war, hat seine erste Frau bereits Anspruch auf einen Teil seiner Rente. Bei einer Scheidung zum 60. Lebensjahr von Wolfgang bekäme Vivian für 12 Jahre Ehe aus dem Versorgungsausgleich 343,32 Euro. Sie selbst hätte eine eigene kleine Rente von 145 Euro.

Doch Vivian ist sich sicher: »Später hätte ich ja die Witwenrente!« Gemeint ist damit die klassische, sogenannte »abgeleitete« Absicherung. Das heißt, eine Ehefrau ist nicht erwerbstätig und hat deshalb keine oder nur geringe eigene Rentenansprüche erworben. Ihr Einkommen im Alter, sollte ihr Mann vor ihr sterben, ist »abgeleitet«, hängt also von der Rentenhöhe ihres Mannes ab. Und da erleben viele Frauen einen gewaltigen Schock – wenn es längst zu spät ist. Oft überschätzen sie die Höhe ihrer Ansprüche.

Vivian zum Beispiel würde 652,96 Euro Witwenrente erhalten (entspricht 55 Prozent der Rente des Ehemanns von 1187,20 Euro, vor Abzug des eigenen Kranken- und Pflegeversicherungsbeitrags). Damit kann sie den Lebensstandard, den sie gewohnt ist, nicht aufrechterhalten. Hoffen wir also für sie, dass noch andere Vermögenswerte vorhanden sind.

Alle Prognosen gehen davon aus, dass 2030 die gesetzlichen Renten nur noch 40 Prozent des früheren Arbeitseinkommens ausmachen werden. Stirbt der Mann, erhält seine Frau 55 Prozent seiner Rente. Und diese Witwenrente dürfte dann für viele nur noch auf Grundsicherungsniveau liegen.

Viele Frauen machen sich Illusionen über ihre Absicherung im Alter. Das ist unter anderem auch deshalb so, weil Frauen, die nicht oder weniger als fünf Jahre sozialversicherungspflichtig gearbeitet haben, keine eigene Renteninformation erhalten. Es wäre sehr sinnvoll, dass Ehepaare neben ihrer eigenen Rente auch die »abgeleitete« Rente, also die Witwenrente, mit ihrer Renteninformation erfahren.

Selbst wenn die Ehe Jahrzehnte hält, kann es unter bestimmten Umständen zur Verarmung kommen, wenn die Ehefrau nie gearbeitet hat. Dies zeigt der folgende besonders drastische Fall:

250 Euro Rente –
und ein Pflegefall

Wie bitter es sich rächen kann, im Alter kein eigenes Einkommen zu haben, zeigt sich bei Ute, 65. Weil ihre Eltern darauf drängten, dass sie »etwas Handfestes« lernt, absolvierte sie als junge Frau eine kaufmännische Lehre und ließ sich zur Buchhalterin weiterbilden. Aber richtig begeistern konnte sie sich nie für diesen Beruf. Immer nur im Büro zu sitzen, das war ihr zu langweilig. Wie viel schöner schien ihr da die Aussicht auf das Leben mit Bernhard, als seine Frau, die Kind, Haus und Garten versorgt. Bernhard verdiente als Maschinenbau-Ingenieur so gut, dass es auch vom Finanziellen her passte.

Ute wusste zwar, dass dadurch ihre Rente entsprechend gering sein würde – monatlich ca. 250 Euro waren das nur. Aber sie war trotzdem guter Dinge, denn ihr Mann konnte mit rund 2000 Euro Rente rechnen. Und weil das Reihenhaus dann längst abbezahlt sein würde, könnten sie wohl auch als Rentnerpaar weiter gut leben.

Diese Hoffnung war allerdings schnell dahin. Kurz nach seinem 70. Geburtstag erlitt Bernhard einen schweren Schlaganfall, der ihn halbseitig lähmte und an den Rollstuhl fesselte. Ute versucht alles, um ihn rund um die Uhr so gut wie möglich zu versorgen, aber allein schafft sie es einfach nicht. Und für eine Rund-um-die-Uhr-Betreuung zu Hause reicht das Geld nicht – trotz Pflegestufe III. Schweren Herzens sucht Ute nach einem Heimplatz, finanziert durch Bernhards Rente und die gesetzliche Pflegeversicherung.

Glück im Unglück: Ute muss das Reihenhaus nicht verkaufen, um einen Teil der Heimkosten zu tragen. Sie hat also auch künftig keine Miete zu zahlen. Trotzdem ist die 65-Jährige verzweifelt. Sie wird die staatliche Grundsicherung beantragen müssen, weil ihre 250 Euro Rente nicht reichen. Das einzige Kind, Tochter Maja, ist Künstlerin und lebt auf Mallorca. Sie kann von ihrem Einkommen kaum selbst leben, geschweige denn die Mutter unterstützen.

So makaber es klingt: Ute dürfte es finanziell erst wieder besser gehen, wenn ihr Mann nicht mehr lebt und sie die Witwenrente bezieht.

Dieser Fall zeigt erneut, wie wichtig es ist, dass Frauen nicht ihren Ehemann als Altersvorsorge betrachten, sondern einer bezahlten Arbeit nachgehen und eine eigene Rente aufbauen. Wenn aber ein traditioneller Lebensplan gewünscht ist – Mann arbeitet, Frau versorgt den Haushalt –, hätte sich das Ehepaar rechtzeitig Gedanken machen und eine private Pflegezusatzversicherung abschließen müssen. Und Ute hätte mit Hilfe ihres Mannes eine eigene Altersversorgung aufbauen können. Sie hätte dann eine eigene Rente, und die Pflegezusatzversicherung würde neben der gesetzlichen Pflegeversicherung einen Teil der Heimkosten übernehmen.

Scheiden tut weh

Auch Scheidungen sind ein häufiger Grund für das finanzielle Unglück von Frauen. 80 Prozent der Bevölkerung wünschen sich, dass ihre Partnerschaft ein Leben lang hält. Aber die Zeiten, zu denen das Wünschen noch geholfen hat, die gab es leider nur im Märchen.

Tatsache ist: Niemand denkt am Anfang einer Beziehung daran, dass diese einmal scheitern könnte. Das ist zwar verständlich, vernünftig ist es aber nicht. Denn jede dritte Ehe wird heute geschieden, in Großstädten sogar jede zweite. Die durchschnittliche Ehedauer lag 2011 bei 14,5 Jahren. Eine Scheidung ist also keine Ausnahme mehr. Sie ist vielmehr gesellschaftliche Realität. Dennoch gehen die meisten Ehepaare in ihrer Lebensplanung davon aus, dass ihre Ehe dauerhaft besteht.

Die meisten Scheidungen werden von Frauen eingereicht. Bei der Aufteilung des vorhandenen Vermögens ziehen sie jedoch fast immer den Kürzeren, wenn sie sich während der Ehe nicht um finanzielle Dinge gekümmert und nicht rechtzeitig Regelungen getroffen haben.

Nach einer Untersuchung des WZB (Wissenschaftszentrum Berlin) tragen Frauen die finanzielle Hauptlast einer Trennung, während Männer nach wie vor keine bedeutenden Einkommensverluste hinnehmen müssen.

Männer profitieren finanziell eher von einer Trennung. Das Haushaltsnettoeinkommen von Männern nach der Scheidung steigt um bis zu 25 Prozent. Der Grund ist das in unserem Land immer noch vorherrschende Modell »Mann ist Haupternährer, Frau ist Zuverdienerin«. Männer müssen nach einer Trennung nicht mehr im gleichen Umfang Frau und Kind(er) versorgen, haben also mehr Geld für sich zur Verfügung. Und sie büßen kaum Einkommen ein, wenn das Teilzeitgehalt der Exfrau oder gar nur die 450 Euro aus einem Minijob wegfallen. Weil es überwiegend Frauen sind, die nach einer Scheidung die gemeinsamen Kinder betreuen, können Väter nach einer Trennung oft intensiver als vorher erwerbstätig sein.

Frauen hingegen, die hauptsächlich für die gemeinsamen Kinder sorgen und mit ihnen zusammenwohnen, haben nach der Trennung einen erhöhten finanziellen Aufwand.

Es sind zwar immer mehr Mütter erwerbstätig, deshalb könnte man annehmen, dass sich das Haushaltseinkommen von Frauen im Laufe der Zeit vom Tiefpunkt nach einer Scheidung erholt. Tatsächlich aber haben nur geringfügige Beschäftigungen und Teilzeitarbeit zugenommen. Das Arbeitsvolumen selbst ist sogar gesunken!

Das Armutsrisiko entsteht also vielfach nicht durch die Scheidung an sich, sondern durch die vor und nach der Trennung in der Ehe praktizierte Arbeitsteilung. Wer während der Ehe nicht erwerbstätig war, hat demnach ein höheres Armutsrisiko. Die Unterschiede in der Einkommenssituation nach einer Scheidung sind umso geringer, je ähnlicher sich die beiden Ehepartner in der sogenannten Erwerbsbeteiligung und der häuslichen Arbeitsteilung waren.

Angesichts dieser Tatsachen kann heute niemand mehr ernsthaft wollen, dass Frauen sich mit der Zuverdienerrolle zufriedengeben.

In unserem Land wachsen 2,2 Millionen Kinder mit nur einem Elternteil auf. Zu 90 Prozent ist das die Mutter. Das Armutsrisiko alleinerziehender Frauen ist besonders hoch.

Ein Problem sind die nicht vollständig und regelmäßig geleisteten Unterhaltszahlungen. Zwei Drittel der Frauen, die einen Anspruch auf Trennungsunterhalt haben, erhalten keine Unterhaltszahlungen.

Ein Viertel der Mütter, die Anspruch auf Unterhalt für ihre Kinder haben, bekommen den Unterhalt nicht. Nimmt man die Fälle dazu, in denen die Zahlungen nur unvollständig und/oder unregelmäßig geleistet werden, steigt der Anteil auf fast die Hälfte der unterhaltsberechtigten Frauen.

Dabei ist belegt, dass der Großteil der unterhaltspflichtigen Männer durchaus in der Lage ist, Unterhalt zu zahlen.

Das verschwundene Vermögen

Alle, die mit Frauen in Scheidung zu tun haben, kennen das: Selbstständige oder freiberuflich tätige Männer rechnen sich arm. Ein guter Steuerberater kann da viel bewirken, damit der Betrieb oder die Kanzlei rote Zahlen schreibt. Oder es verschwindet plötzlich gemeinsames Geld (evtl. ins Ausland). Bisher vorhandene Vermögenswerte sind nicht mehr nachweisbar.

Diese Symptome treten in der Regel dann auf, wenn eine neue Frau im Spiel ist. Der Noch-Ehemann will sich mit ihr ja ein neues Leben aufbauen und dazu braucht er Geld.

Wo ist bloß
das gemeinsame Geld geblieben?

Marie-Luise lernte ihren Mann kennen, als er noch Medizin studierte. Sie finanzierte ihm die letzte Phase seines Medizinstudiums, unterstützte ihn in der Promotionszeit, half ihm dabei, die eigene Praxis aufzubauen, die glänzend lief. Marie-Luise kümmerte sich um die zwei Kinder und den Haushalt. Und sie arbeitete auf Minijob-Basis in der Praxis mit. Als Hannes eines Tages mit sorgenvoller Miene »gestand«, die Praxis laufe nicht mehr so gut, glaubte sie ihm das. Dass er schon seit einiger Zeit eine Freundin hatte und dabei war, Geld beiseitezuschaffen, merkte sie erst, als es zu spät war. Sie hatte sich nie um Geld und Geldanlagen gekümmert, also wusste sie auch nicht, wie viel Geld vorhanden war. Zum Zeitpunkt der Scheidung jedenfalls war der Großteil davon verschwunden. Marie-Luise wurde mit einem lächerlichen Betrag abgefunden.

Ein weiteres Problem kann sein, dass Frauen sich von ihrem Partner überreden lassen, einen gemeinsamen Anwalt zu nehmen, »um Kosten zu sparen«. Häufig handelt es sich dann um den Anwalt des Ehemannes. Wir können davor nur warnen. Nach unserer Erfahrung kann *ein* Anwalt nicht beiden Parteien gerecht werden. Und unsere Erfahrung ist es auch, dass ein männlicher Anwalt den Ehemann meist besser versteht als die Ehefrau. Eine Möglichkeit wäre, erst einmal eine Mediatorin einzuschalten, um die strittigen Punkte schon vorab zu klären. Vor Gericht sollte dann jeder mit seinem Anwalt auftreten.

Einem »Rosenkrieg« kann man vorbeugen: Das ist möglich, indem man in guten Zeiten finanzielle Dinge für den Krisenfall festlegt. Ist der Ernstfall eingetreten und die Liebe dahin, werden Verhandlungen erfahrungsgemäß schwierig. Gibt es eine neue Partnerin für den Ehemann und ist vielleicht schon ein Kind unterwegs, dann ist dieser meist nicht bereit, seine ehemalige Ehefrau großzügig zu versorgen.

Worauf also sollten Frauen achten?

Junge Leute kümmern sich, wie bereits erwähnt, vor der Hochzeit vor allem um die Wahl des gemeinsamen Familiennamens und um die Vorbereitung der Feier, unter Umständen interessieren sie sich noch für mögliche Steuervorteile, die ihnen durch die Eheschließung entstehen. Das ist auch verständlich.

Die Kenntnis wichtiger rechtlicher, materieller und sozialer Konsequenzen einer Eheschließung ist hingegen äußerst gering – das ist eher unverständlich.

So glaubt zum Beispiel ein hoher Prozentsatz, dass das gesamte Vermögen der Eheleute beiden Partnern gehört. Was ein Güterstand wie Zugewinnausgleich oder Gütertrennung ist, wissen die meisten nicht.

Offensichtlich gibt es eine Art »Grundvertrauen«, dass mit der staatlich eingerichteten und geschützten Institution Ehe schon alles mit rechten Dingen zugeht. Und dass der Staat ein verlässliches Instrumentarium installiert hat, das jeden Einzelnen und jede Einzelne schützt, falls die Ehe doch scheitern sollte.

Auffallend – und nicht verständlich – ist, dass zum Beispiel das neue Unterhaltsrecht, das seit 2008 gilt, von denen, die es am meisten betrifft, also den Frauen, so wenig zur Kenntnis genommen wird. Dabei hat es in den letzten Jahren kaum ein neues Gesetz gegeben, von dem Frauen unter Umständen so massiv betroffen sind. Denn es gibt im Fall einer Scheidung nicht mehr wie früher automatisch nacheheliche Unterhaltsansprüche. Nur wenn kleine Kinder zu betreuen sind, bei langjährigen Ehen oder wenn Frauen erhebliche berufliche Nachteile erlitten haben, kann es Unterhalt geben. Oft ist der aber zeitlich begrenzt.

Wenn also beide Eheleute wünschen, dass die Frau wegen der Kinder längere Zeit zu Hause bleibt, sollten schon während der Ehe Vereinbarungen getroffen werden. Zum Beispiel, dass die Ehefrau nicht oder nur geringfügig erwerbstätig sein soll, damit sie sich um Haus und Familie kümmern kann. Der Ehemann verpflichtet sich dafür zum Beispiel, dass im Falle einer Scheidung länger Unterhalt gezahlt wird.

Diese Vereinbarungen müssen schriftlich festgehalten sein, mündliche zählen nicht, da sie nicht zu beweisen sind.

Sehr wichtig ist nach der Erfahrung vieler Familienrechtler, dass der Unterhaltsanspruch für die Kinder und eventuell der eigene abgesichert wird. Denn Unterhaltszahlungen fließen natürlich nur so lange, wie der Exmann zahlen kann.

Es wäre also sehr sinnvoll, für den Unterhalt eine Risikolebensversicherung abzuschließen, die sicherstellt, dass im Falle des Ablebens des Exmannes die Zahlungen weiterlaufen.

Zwar erben die Nachkommen auch den Unterhaltsanspruch, das heißt, sie müssen ihn erfüllen, aber nur in der Höhe ihres Pflichtteils, den die Ehefrau ohne eine Scheidung im Todesfall erhalten hätte.

Wichtig ist außerdem, dass Frauen ein eigenes Konto haben. Bei einem gemeinsamen Girokonto besteht die Gefahr, dass es in einer Krisensituation abgeräumt wird, zum Beispiel wenn der Partner Schulden hat oder wenn die Trennung ansteht.

Bei getrennten Konten bleiben beide Partner finanziell unabhängig und es muss sich niemand für seine Ausgaben rechtfertigen.

Sehr wichtig ist, dass sich Frauen während der Ehe gemeinsam mit ihrem Partner um die finanziellen Angelegenheiten kümmern. Nur so sind sie vor unliebsamen Überraschungen sicher.

Spätestens dann, wenn eine Scheidung ansteht, sollten Frauen die wichtigsten Unterlagen kopieren: zum Beispiel die Verdienstbescheinigung des Mannes, Depot- oder Kontoauszüge. Das ist notwendig, damit keine Vermögenswerte beiseitegeschafft werden können. Wer nicht Bescheid weiß, zahlt drauf!

Weil durch einen Unterhalt ehebedingte Nachteile ausgeglichen werden sollen, müssen Frauen alle Unterlagen über ihre Berufstätigkeit vor deren Beendigung, auch Zeugnisse, Gehaltsnachweise etc. parat haben.

Tatsache ist, und das bestätigen Familienrechtlerinnen, dass eine Scheidung nur dann finanziell akzeptabel gestaltet werden kann, wenn beide erwerbstätig sind und bleiben.

Droht eine Scheidung, ist es unerlässlich, sich möglichst früh und alleine von einer Fachanwältin für Familienrecht beraten zu lassen. Dieses Honorar ist erfahrungsgemäß bestens angelegt.

Nicht eheliche Lebensgemeinschaften

Etwa drei Millionen Paare lebten in Deutschland im Jahr 2014 unverheiratet zusammen. »Heiraten muss man doch heutzutage nicht mehr«, höre ich dann oft. Das ist schon richtig, aber doch gerade für Frauen oft zu kurz gedacht, wie die folgenden Beispiele zeigen:

Schlechte Karten, wenn etwas passiert

Cornelia (35) lebt mit ihrem Freund zusammen. Das Paar hat zwei Kinder. Wegen der Kinder hat sie im Einvernehmen mit ihrem Partner ihren Beruf als Erzieherin aufgegeben. Durch einen Zeitungsartikel aufgeschreckt, kommt sie zu mir zur Beratung.

Ihre Hauptfrage: »Was ist, wenn meinem Freund etwas passiert, also wenn er stirbt oder sich von mir trennt? Was bekomme ich dann?«

»Nichts«, sage ich. Cornelia fällt fast vom Stuhl. »Das kann doch nicht sein«, meint sie, »ich erziehe doch die beiden Kinder für uns, ich führe den Haushalt usw.«

Es hilft aber alles nichts, es ist so! Stirbt Cornelias Partner, erben die gemeinsamen Kinder, nicht sie. Er könnte ein Testament zu ihren Gunsten machen, dann würde sie erben. Sie hat aber nur einen Freibetrag für die Erbschaftssteuer von 20 000 Euro, eine Ehefrau dagegen 500 000 Euro.

Trennt sich ihr Freund von ihr, hat sie Anspruch auf Unterhaltszahlungen für die beiden Kinder. Sie selbst kann den sogenannten Betreuungsunterhalt verlangen, mindestens für die Zeit von sechs Wochen vor der Geburt bis zum dritten Lebensjahr.

Grundsätzlich kann ich nur dringend empfehlen, gerade wenn Kinder da sind, zu heiraten. Denn für Ehe und Familie sind für den Scheidungs- oder Todesfall die wichtigsten Dinge geregelt: Es gibt den Zugewinnausgleich und den Versorgungsausgleich. Im Todesfall verfügt die Ehefrau über den hohen Freibetrag bei der Erbschaft.

Ein ungutes Gefühl – zu Recht!

Bianca (29) und ihr Lebenspartner Peter (32) sind nicht verheiratet. Die beiden möchten sich eine Eigentumswohnung kaufen. Er plant, die Finanzierung dafür allein zu übernehmen. Dafür will er als Alleineigentümer im Grundbuch stehen. Bianca ist berufstätig. Mit ihrem Gehalt sollen dann die gemeinsamen Lebenshaltungskosten bestritten werden. Die sind zwar geringer als das, was für Zins und Tilgung anfällt, aber Bianca hat ein ungutes Gefühl.

Und das hat sie zu Recht. Denn während Peter die Wohnung abzahlt und auf diese Weise einen Wert schafft, wird ihr Einkommen regelmäßig verbraucht – ganz ohne Gegenwert.

Sollten sich die beiden einmal trennen, hat Peter eine ganz oder weitgehend abbezahlte Wohnung, und Bianca hat nichts. Denn keine ihrer Zahlungen für den Lebensunterhalt ist nachweisbar.

Anders sähe es aus, wenn die beiden verheiratet wären. Dann würde Bianca bei einer eventuellen Scheidung zumindest an der Wertsteigerung der Wohnung teilhaben, die sich durch den allmählichen Abbau der Schulden ergibt. Einen solchen Zugewinnausgleich gibt es bei nicht ehelichen Lebensgemeinschaften aber nicht.

Eine faire Lösung könnte folgendermaßen aussehen: Bianca wird im Grundbuch als Miteigentümerin eingetragen – am besten zur Hälfte oder, wenn die Einkommen sehr unterschiedlich sind, mit einem entsprechenden Anteil. Die beiden sollten dann jeweils so viel an Zinsen und Tilgung zahlen, wie es dieser Aufteilung entspricht. Im Gegenzug müsste sich natürlich Peter auch an allen anderen Kosten beteiligen. In einem notariellen Vertrag können die beiden für den Fall des Todes eines Partners sich gegenseitig das Wohnrecht einräumen.

Vor einem Immobilienkauf, der weitreichende Folgen haben kann, sollte immer eine rechtliche Beratung stehen, um die Folgen abschätzen zu können.

Wer nicht heiraten will, sollte auf jeden Fall einen Partnerschaftsvertrag abschließen und ein Testament oder einen Erbvertrag anfertigen lassen. Wie existenziell wichtig das sein kann, zeigt ein aufsehenerregender Fall, der durch großes Medienecho einer breiten Öffentlichkeit bekannt wurde:

Kein Erbe
für die Lebenspartnerin

Der schwedische Bestsellerautor Stieg Larsson landete mit seiner Millennium-Trilogie einen Weltbestseller und verdiente damit Millionen. Seine Lebensgefährtin Eva Gabrielsson, mit der Larsson 30 Jahre lang zusammenlebte, hatte ihn in seiner Arbeit immer voll unterstützt. Als Larsson 2004 völlig überraschend starb, erbte sie allerdings nichts. Denn Larsson war ihr Lebensgefährte, aber nicht ihr Ehemann, und ein gültiges Testament gab es auch nicht. Alle Rechte an den Büchern und Filmen Larssons gingen an seinen Vater und seinen Bruder, mit denen Larsson wenig Kontakt hatte.

Auch wenn kein Millionenvermögen vorhanden ist, ist es wichtig, sich gegenseitig abzusichern, zum Beispiel mit einem Partnerschaftsvertrag und einem Testament bzw. Erbvertrag.

Partnerschaftsvertrag und
Testament/Erbvertrag

Wenn eine Frau und ihr Partner nicht heiraten wollen, sollten sie die wichtigsten Angelegenheiten unbedingt schriftlich regeln. Das ist äußerst sinnvoll, wenn die beiden zusammenleben, und dringend nötig, wenn sie Kinder haben. Ein Partnerschaftsvertrag ist vernünftig und wichtig. Geregelt werden sollten die wesentlichen Punkte für die Dauer der Beziehung, aber auch für den Fall der Trennung oder des Todes des Partners. Nur so kann Streit, Ärger oder schlimmstenfalls dem finanziellen Ruin vorgebeugt werden.

Partnerschaftsverträge können formlos erstellt werden. Lediglich bei erbrechtlichen oder Immobilien-Angelegenheiten muss ein Notar eingeschaltet werden.

Für den Trennungs- und/oder Todesfall sollten folgende Vereinbarungen getroffen werden:

- Im Rahmen der gesetzlichen Möglichkeiten muss das Sorge- und Umgangsrecht sowie der Unterhalt für die Kinder geregelt werden.
- Wichtig ist, eine Inventarliste zu erstellen, wem was in der Wohnung gehört. Bei wertvollen Gegenständen, die gemeinsam angeschafft wurden, sollte mit dem Partner besprochen werden, wie diese aufzuteilen sind.
- Auch Schenkungen geben oft Anlass zu Streit. Hier helfen klare Vereinbarungen, die festhalten, ob die Geschenke zurückgegeben werden müssen oder ob beide auf diese Rückgabe verzichten.

- Wenn dem Partner eine größere Summe geliehen wird, muss ersichtlich sein, wann der Kredit zurückgezahlt sein muss. Dies beugt der eventuellen Behauptung vor, der Geldbetrag sei eine Schenkung.
- Wenn gemeinsame Kredite laufen, muss festgehalten werden, wer welche Schulden im Falle einer Trennung übernimmt.
- Derjenige Partner, der zugunsten der Kinder eine berufliche Auszeit nimmt, muss dafür entschädigt werden, da sich dadurch ja die Altersversorgung reduziert. Es sollte schriftlich festgelegt werden, in welcher Form (zum Beispiel private Rentenversicherung etc.) dies geschehen soll.
- Geregelt sein muss auch, wer bei einer Trennung aus dem gemeinsamen Haushalt auszieht.
- Wenn einer der beiden ein eigenes Haus oder eine eigene Wohnung besitzt, sollten beide Partner im Grundbuch eingetragen sein, damit beide über das Nutzungsrecht verfügen können. (Das heißt, dass neben dem Recht zur eigenen Nutzung auch das Recht zur Vermietung und Vereinnahmung der Miete besteht.) Mindestens aber sollte ein Wohnrecht eingetragen werden.
- Hat einer der Partner mehr zum Immobilienkauf beigetragen, sollte der Eigentumsanteil entsprechend der Höhe des eingebrachten Kapitals im Grundbuch eingetragen werden.
- Was soll im Trennungsfall mit Haus oder Wohnung geschehen: Soll die Immobilie verkauft und der Verkaufserlös geteilt werden? Oder soll einer der beiden Partner im Haus wohnen bleiben und den anderen auszahlen? Soll derjenige, der mehr gezahlt hat, einen Ausgleich erhalten? Oder soll es keinen Ausgleich geben, weil er derjenige war, der für die Kindererziehung zuständig war, und der andere das Geld verdient hat?

- Für den Todesfall sollte der länger lebende Partner durch eine Risikolebensversicherung oder andere Vermögenswerte abgesichert sein.
- Existenziell wichtig sind ein Erbvertrag oder ein Testament. Denn unverheiratete Partner werden vom Erbrecht nicht berücksichtigt und gehen leer aus. Unverheiratete können im Gegensatz zu Eheleuten kein gemeinschaftliches Testament verfassen. Das heißt, jeder der Partner muss für sich ein Einzeltestament aufsetzen. Das kann natürlich von jedem (auch heimlich) widerrufen werden. Anders ist dies bei einem Erbvertrag, der gemeinsam verfasst und auch nur gemeinsam widerrufen werden kann. Er muss immer notariell beglaubigt werden.

Dies sind einige Anhaltspunkte für Regelungen bei Trennung oder Todesfall. Sie können nicht vollständig sein, weil es im Einzelfall häufig noch viel mehr zu bedenken und zu regeln gibt. Lassen Sie sich deshalb beim Verfassen eines Partnerschaftsvertrags, eines Testaments oder Erbvertrags unbedingt juristisch beraten.

Liebe macht blind

Schuldnerberaterinnen können ein Lied davon singen: Vertrauensseligkeit und Blauäugigkeit können arm machen. Frauen gehen häufig auf finanzielle Forderungen und Wünsche ihres Partners ein, ohne sich abzusichern oder Erkundigungen einzuziehen bzw. sich fachlich beraten zu lassen.

Dies ist ein äußerst heikles Thema, denn Frauen fühlen sich schnell illoyal, wenn sie gegenüber den Vorstellungen ihres Partners Bedenken anmelden oder gar die Unterschrift verweigern. Natürlich ist es schwer, den Lebensgefährten quasi hängen zu lassen. Der Preis ist aber unter Umständen hoch.

Auf die große Liebe folgt Privatinsolvenz

Tanja, 35, Assistentin der Geschäftsleitung, verliebte sich. Hans-Peter war ihr Traummann, groß, schlank, dunkelhaarig, gut angezogen, mit besten Manieren. Er wohnte in einer schicken Altbauwohnung, groß genug für sie beide. Als Tanja schwanger wurde, zog sie bei ihm ein. Was er genau beruflich machte, wusste sie nicht. Fragte sie nach, wich er aus und murmelte etwas von »internationalen Geschäften«.

Bei einem, wie er glaubhaft versicherte, vorübergehenden finanziellen und beruflichen Engpass wollte sie ihm helfen und übernahm seine gesamten Zahlungsverpflichtungen. Kurz darauf trennte er sich von ihr. Tanja sitzt bis heute auf seinen Schulden und musste Privatinsolvenz anmelden.

Der Fall ist für Tanja existenziell, kommt aber sicherlich nicht häufig vor. Wesentlich öfter gehen Frauen langfristige Verpflichtungen ein, ohne darüber nachzudenken:

Böses Erwachen
garantiert

Ellen (49) und ihr Mann Jost (52) haben vier Kinder. Jost ist Anwalt, Ellen ist nicht berufstätig. Jost hat einen teuren Tick, er kauft eine Immobilie nach der anderen – als Wertanlage, wie er meint. Ein Haus und fünf weitere Immobilien sind es mittlerweile.

Ellen will sich da nicht einmischen. Sie ist überzeugt: Jost wird schon den rechten Überblick haben. Dass Jost jede Immobilie auf Kredit kauft und sie jeden Kreditvertrag bei der Bank mit unterschreibt, findet sie normal. Es gibt zwar Probleme in der Ehe und immer wieder auch andere Frauen. Aber Ellen verschließt die Augen davor. Bis Jost auszieht und die Trennung will. Ellen fürchtet, dass sie nun für die Schulden ihres Mannes haften muss.

Zu Recht. Prinzipiell muss zwar jeder nur für die eigenen Schulden aufkommen – egal, ob Eheleute Gütertrennung vereinbart haben oder nicht. Trotzdem halten sich Banken häufig an die Ehefrauen, wenn der Mann nicht mehr zahlen kann. Aber nicht, weil sie verheiratet sind, sondern weil die Frau den Kreditvertrag mit unterschrieben hat. In der Regel verlangen das die Kreditinstitute, weil zwei Schuldner eine größere Sicherheit bieten. Aber: Wer mit unterschrieben hat, haftet für die volle Darlehenssumme, nicht etwa nur für die Hälfte.

Was viele nicht wissen: Eine Kreditbürgschaft ist keine »Formsache«, sondern juristisch gesehen ein »schuldrechtlicher Vertrag«, der weitreichende Folgen haben kann. Das heißt, wer für einen Kredit des Partners bürgt, ist mit dafür verantwortlich, dass das Geld zurückgezahlt wird. Eine gemeinsame Kredit-bürgschaft sollte also nur übernommen werden, wenn sicher ist, dass man den Kredit notfalls auch allein zurückzahlen kann, falls der Partner ausfällt.

Am besten ist es, sich fachlich beraten zu lassen, bevor eine Unterschrift geleistet wird, am besten bei einer Fachanwältin.

Vertrauen ist gut, nachfragen wäre besser

Der nachfolgende Fall kommt häufiger vor, als man denkt. Ganz einfach, weil viele nicht wissen, dass zum Beispiel bei Lebensversicherungen ein bloßes Versprechen und sogar ein Testament nicht gelten:

Blindes Vertrauen, fatale Folgen

Anja lebte über zehn Jahre mit einem verheirateten Mann zusammen. Weil Martin, ihr Partner, der Ansicht war, seine verlassene Ehefrau hätte ein sehr schweres Los, weil sie ja auf ihn verzichten musste, überwies er ihr jeden Monat fast sein gesamtes Gehalt. Anja fand das irgendwie rührend und nahm es als Beweis für seinen guten Charakter. Deshalb trug sie sämtliche Lebenshaltungskosten, finanzierte sein Auto und sein Handy. Ja, sie bezahlte sogar die Prämien für seine beiden Lebensversicherungen. »Die bekommst ja sowieso mal du«, sagte er mehr als einmal und bestimmte sie als Bezugsberechtigte in seinem Testament.

Martin erkrankte an Krebs und verstarb nach wenigen Monaten. Zur allergrößten Überraschung Anjas zahlten die Versicherungsgesellschaften das Geld aus den beiden Lebensversicherungen an die Ehefrau aus und nicht an Anja, trotz der Bestimmung im Testament.

Und leider ist das rechtens. Denn Martin hatte die Bezugsberechtigung in seinen Versicherungspolicen nicht geändert. Dort war immer noch seine Ehefrau eingetragen und nicht Anja. Und nur das zählt und nicht ein Testament. Deshalb mussten die Versicherungsgesellschaften das Geld an die Ehefrau auszahlen.

Es folgt noch ein tragisches Beispiel, bei dem genaueres Nachfragen und Erkundigungen geholfen hätten, einen großen Verlust zu vermeiden:

Eine Million —
verzockt

Als der Vater von Lotte starb (die Mutter lebte schon lange nicht mehr), übernahmen ihre drei Brüder das elterliche Unternehmen und zahlten die Schwester aus. Sie erhielt eine Million Euro!

Zu der Zeit lernte sie Hannes (51) kennen und lieben. Die beiden zogen zusammen. Und natürlich fragte Lotte ihren Freund, was sie denn mit einer so großen Summe machen sollte. Schließlich hatte Hannes ihr gesagt, er sei freiberuflich tätiger Vermögensverwalter.

Lotte überließ ihm bereitwillig die Million, in der Hoffnung, bald könnten zwei oder gar drei daraus werden.

Der langen Rede kurzer Sinn: Die Finanz- und Wirtschaftskrise brach aus — und das Geld war weg. Es war nicht nur weniger geworden, wie das in Krisenzeiten bzw. bei Kurssprüngen im Aktienbereich vorübergehend schon mal sein kann. Nein, das ganze Geld war weg, Hannes hatte es verzockt.

Und es stellte sich heraus, dass Hannes gar kein Vermögensverwalter war. Er wäre allerdings sehr gern einer gewesen! Er war der festen Überzeugung, bei der Anlage von Geld wesentlich mehr Erfolg zu haben als andere. Ein Trugschluss, wie Lotte bitter erfahren musste. Hannes brach zusammen, als sie ihn zur Rede stellte. Er weinte, bat um Verzeihung. Und Lotte verzieh! Sie lebt immer noch mit ihm zusammen.

Lieber unromantisch als arm

Nach all diesen Beispielen könnte eventuell der Verdacht aufkommen, Frauen seien nicht ganz bei Trost oder nicht besonders intelligent. Dem muss ich entschieden widersprechen.

Tatsache ist aber – und das ist meine jahrzehntelange Erfahrung in der Beratung von Frauen –, dass auch intelligente, beruflich erfolgreiche Frauen häufig den Verstand ausschalten, wenn es um romantische Gefühle geht. Deshalb sind sie oft bereit, in Beziehungen Risiken einzugehen, vor denen jeder Mann die Flucht ergreifen würde.

Dazu kommt, dass »Geld« für viele Frauen negativ belegt oder ein Tabuthema ist.

»Geld interessiert mich nicht!«

Das sagen Frauen sehr häufig. Und deshalb haben sie so oft keins. »Wenn ich mich mit Geld beschäftige, bekomme ich immer schlechte Laune«, auch das höre ich sehr oft.

Dass Frauen sich nicht gern mit Geld befassen, ist kein Vorurteil, sondern leider Realität. Und das hat eine lange Tradition. Frauen waren zwar immer schon für das »kleine Geld« zuständig, also das Haushaltsgeld, mit dem sie ganze Familien mit großem Geschick durch schwere Zeiten brachten. Das »große Geld« aber, also die Bereiche Handel, Finanzen, Wirtschaft waren und sind immer schon Domäne der Männer.

Frauen waren über Jahrhunderte hinweg der Vormundschaft des Mannes unterstellt. Dem lag der Gedanke zugrunde, dass eine Frau aufgrund ihrer »Geschlechtsschwäche« wichtigen Geschäften nicht gewachsen sei, also einen Vormund benötige. Darüber hinaus hatte der Ehemann das Recht, das eheliche Vermögen ohne jede Zustimmung der Frau zu nutzen.

Die Diskriminierung von Frauen zeigte sich nicht nur im Privaten. Es ist kaum zu glauben: 1771 erließ Kaiserin Maria Theresia das Gründungspatent der Wiener Börse. Zutritt zur Börse hatten aber beileibe nicht alle. Draußen bleiben mussten »Schwachsinnige«, Bankrotteure, Straffällige und Frauen.

Auch im ersten deutschen Börsengesetz von 1896 war »Personen weiblichen Geschlechts« der Zutritt verwehrt, neben weiteren Personengruppen, die sich alle in Finanzdingen etwas hatten zuschulden kommen lassen. Erst eine Änderung des Börsengesetzes vom 28. 12. 1921 eröffnete auch Frauen die Möglichkeit eines Börsenbesuchs, wenn sie die sonstigen Kriterien erfüllten.

Das Bestimmungsrecht des Mannes bzw. die Bevormundung der Frau bestand noch bis in die Mitte des 20. Jahrhunderts.

Nach dem Familienrecht des Bürgerlichen Gesetzbuches entschied bis nach 1945 der Mann in allen das gemeinschaftliche Leben betreffenden Angelegenheiten. Die Frau hatte den Haushalt zu führen. Es gab kaum Möglichkeiten für Frauen, eigenes Geld zu verdienen. Nicht einmal ein Bankkonto konnte eine Frau ohne Einwilligung ihres Mannes eröffnen.

Brachte sie in die Ehe eigenes Vermögen mit, so war Folgendes bis 1953 gültiges Recht: »Das Vermögen der Frau wird durch die Eheschließung der Verwaltung ihres Mannes unterworfen.«

Das ist jetzt 60 Jahre her. Aber die jahrhundertelange Bevormundung von Frauen in Finanzfragen durch Ehemänner oder männliche Familienangehörige hat tiefe Spuren hinterlassen – bis heute! Ein Beispiel für viele:

Und alles
bleibt beim Alten

Dagmar, Mitte 40, Sozialpädagogin, berufstätig, hat vor zehn Jahren 100 000 Euro geerbt. Mit Geldanlagen kennt sie sich nicht aus, dafür aber ihr Mann. Der bot ihr an, sich um die Anlage des Geldes zu kümmern. Und deshalb gab sie ihm eine Vollmacht, die ihm weitgehende Handlungsfreiheit ließ. Was er damit macht, interessiert sie nicht weiter.

Eine Freundin von Dagmar ist entsetzt. »Wenn in deiner Ehe etwas schiefgeht, könnte dein Mann mit dem Geld wer weiß was anstellen«, sagte sie.

Erschrocken ließ sich Dagmar einen Termin bei einer Finanzberaterin geben. Die rät ihr dringend, sich selbst um ihr Geld zu kümmern oder zumindest gemeinsam mit ihrem Mann. Seitdem ist ihr Mann zutiefst gekränkt. »Du hast kein Vertrauen zu mir«, sagt er ihr bei jeder Gelegenheit. Dagmar ist zerknirscht, nimmt den zweiten Termin bei der Finanzberaterin nicht mehr wahr und lässt alles, wie es ist.

Frauen geben die Verantwortung für ihr Geld leider immer noch gern aus der Hand. Anders als vor 60 Jahren aber völlig freiwillig. Und Männer reagieren häufig gekränkt, wenn Frauen anfangen, ihre Dinge selbst zu regeln.

Um es klar zu sagen: Es ist nicht unromantisch, sondern vernünftig, wenn sich Frauen dieser Auseinandersetzung stellen und sich um ihr eigenes Geld selbst kümmern. Offenheit in Finanzfragen ist für die Liebe überlebenswichtig.

Es ist auch nicht unromantisch, sondern sinnvoll, wenn Frauen sich absichern für den Fall, dass die Beziehung scheitert.

Und es ist ganz und gar nicht unromantisch, sondern sehr

mutig, wenn eine Frau zu ihrem Partner sagt: »Ich liebe dich, mein Schatz, aber für deine Schulden möchte ich nicht haften! Ich könnte sie nämlich nicht zurückzahlen, wenn dir etwas passiert.«

Es ist an der Zeit, dass sich Frauen dem Thema Geld ideologiefrei und realistisch nähern. Geld selbst ist ja weder schmutzig noch kann es den Charakter verderben. Nur das, was jemand mit Geld macht, kann all das sein. Im positiven Sinne steht Geld für Hoffnungen und Wünsche, für das Gefühl von Sicherheit und Selbstwert und für Freiheit.

Frauen brauchen eigenes Geld, wenn sie – auch in einer Partnerschaft – finanziell unabhängig sein und bleiben wollen. Sie brauchen Geld, wenn Altersarmut kein Schreckgespenst sein soll. Und sie brauchen Geld, damit eine Trennung/Scheidung zwar schmerzlich, aber keine finanzielle Katastrophe wird.

Frauen müssen also eine eigene finanzielle Lebensplanung entwerfen, sich Ziele stecken und rechtzeitig für das Alter vorsorgen. Dann kann eine Frau aus freien Stücken bei ihrem Partner bleiben und nicht aus wirtschaftlicher Not, wie das früher die Regel war.

Wie wichtig Geld im Leben ist, das brachte ganz wunderbar die Schriftstellerin und Malerin Franziska Gräfin zu Reventlow (1871–1918) auf den Punkt: »… es sind nur zwei Dinge, die einem ein Gefühl von Daseinsberechtigung geben – Geld und Liebe. Soll es ganz richtig sein, so sind es beide zusammen. Aber wann ist wohl das Leben einmal ganz richtig? Und fehlt eins von beiden, so kann man sich immerhin mit dem anderen trösten. Fehlen aber beide …«

7 Schluss mit Illusionen, Vorurteilen und Ausreden

Helma Sick

Alles bisher Gesagte sollte eigentlich keinen Platz mehr lassen für Illusionen, für Vorurteile und für Ausreden. Dennoch ist es kaum zu glauben, was Frauen (und Männern) alles einfällt, wenn es darum geht, ihren persönlichen Lebensentwurf zu verteidigen, wenn sie sich für das traditionelle Rollenmuster entschieden haben – Mann verdient, Frau bleibt zu Hause oder arbeitet geringfügig. Hier folgen nur ein paar ausgewählte Zitate aus Zuschriften:

- Ich setze doch nicht Kinder in die Welt, um sie dann von fremden Menschen betreuen zu lassen.
- … und dann haben wir bald nur noch gestörte Kinder!
- Kein Wunder, dass heutzutage die Kinder so dick sind. Die Frauen arbeiten ja alle und für die Kinder gibt's nur Fast Food.
- Das ist anscheinend die Devise: Nach der Geburt ab in die Krippe!
- In der DDR waren alle Frauen berufstätig und alle Kinder wurden fremdbetreut. Und der Staat war pleite.
- Anscheinend bedeutet Emanzipation jetzt, sein Privatleben zu delegieren, seine Kinder nicht mehr selbst zu betreuen, auf die selbständige Führung des Haushalts zu verzichten, nachmittags nicht mehr mit den Kindern basteln zu dürfen, ihnen nicht mehr beim Fußballspielen zuzusehen und das zu essen, was die Haushaltshilfe einkauft.
- Ein Kind ist am besten bei der Mutter aufgehoben.
- Wir Hausfrauen schenken der Gesellschaft Kinder und stabilisieren damit das Rentensystem. Wir sollten dafür belohnt werden …

Illusionen —
sie helfen nicht weiter

»Illusion« wird im DUDEN als »beschönigende, dem Wunsch-denken entsprechende Selbsttäuschung über einen in Wirk-lichkeit weniger positiven Sachverhalt« definiert.

»Wir schenken der Gesellschaft Kinder
und stabilisieren damit das Rentensystem«

Eltern sorgen mit ihren Kindern dafür, dass das Umlagesystem der gesetzlichen Rentenversicherung auch weiterhin funktio-niert. Das ist richtig und wird mit den geschilderten familien-politischen Förderungen auch berücksichtigt, wenn vielleicht auch noch nicht ausreichend.

Unsinn ist es aber, dass der Gesellschaft Kinder »geschenkt« werden. Kinder kommen auf die Welt: gewollt, weil zwei Men-schen ein Kind haben möchten, oder ungewollt, weil nicht oder mangelhaft verhütet wurde. Niemand bekommt ein Kind für die Gesellschaft.

»Ich muss Gott sei Dank
nicht arbeiten«

Bis zum Zweiten Weltkrieg konnten es sich nur wenige leisten, auf das Einkommen der Ehefrau zu verzichten. Das änderte sich mit dem Wirtschaftswunder der 50er-Jahre.

Der Spruch »Ich muss Gott sei Dank nicht arbeiten« war in

dieser Zeit gang und gäbe. Konnte sich ein Mann eine Hausfrau leisten, war das ein sicheres Zeichen für seinen beruflichen Erfolg. Und das galt auch in Arbeiterkreisen.

Dass aber heute jüngere Frauen diesen Satz wieder aufleben lassen, darf doch sehr verwundern. Was heißt er eigentlich? Dass Arbeit Frondienst ist und frau erlöst werden muss von diesem Übel? Wir sehen Arbeit anders. Arbeit ist für uns Teilhabe am sozialen Leben, bringt Kontakte, geistige Anregung und – vor allem – eigenes Geld und damit eigene Absicherung im Alter, also lebenslange Unabhängigkeit. Man kann den Frauen, die solche Sprüche immer noch aufsagen, nur wünschen, dass ihre Ehe hält. Denn wenn nicht, *muss* sie arbeiten. Nur *was*? Schließlich ist sie lange draußen aus dem Geschäft.

Die vermeintliche Bequemlichkeit – sie kann dann höllisch unbequem werden.

»Ein Kind ist am besten bei der Mutter aufgehoben«

Wer wollte da widersprechen, auch wenn ich das gern noch auf den Vater ausdehnen würde. Liebevolle, verständnisvolle und sensible Eltern, die ihr Kind auf dem Weg ins Leben begleiten, sind mit Sicherheit die beste Grundlage für das spätere Leben. Auf jeden Fall gilt das für die ersten Jahre im Leben eines Kindes. Mit Sicherheit aber nicht für 10 oder 20 Jahre.

Und das Ideal stimmt nicht immer mit der Realität überein. Mit Vehemenz wehrt sich der Arzt und Psychoanalytiker Dr. Torsten Milsch gegen die weitverbreitete Meinung, Mütter seien schon genetisch aufs Kindeswohl programmiert. Es zeige sich immer wieder, dass Frauen keineswegs von mütterlichen »Urinstinkten« geleitet werden. Sie wüssten deshalb auch nicht automatisch, wie sie sich ihren Kindern gegenüber am besten verhalten sollten. Aber: »Eine Mutter wird pauschal in den Himmel gelobt«, so Milsch in seinem Buch *Mutti ist die Best(i)e*, »ohne dass sie sich beweisen muss.«

Will eine Frau dagegen fremde Kinder erziehen, gibt es in Deutschland klare Vorgaben: Erzieherinnen müssen eine mehrjährige Ausbildung an einer Fachschule oder Fachakademie absolvieren. Tagesmütter brauchen eine Erlaubnis zur Kindertagespflege, die nur vom Jugendamt vergeben wird. Die Wohnung der Tagesmutter wird genauestens überprüft, ob die Räume für die Kinder für Spiel und Ruhe geeignet und ob sie sicher und ordentlich sind. Die Tagesmutter sollte eine Ahnung von Pädagogik haben. Sie muss ausgeglichen, belastbar und zuverlässig sein usw.

Bei Adoptionen wird – zu Recht – noch strenger geprüft. Ich weiß das sehr genau, weil mein damaliger Mann und ich unseren Sohn im Alter von vier Jahren adoptiert haben.

Das Jugendamt prüft auf Herz und Nieren, ob das adoptionswillige Paar auch wirklich geeignet ist für diese verantwortungsvolle Aufgabe. Ob es nicht nur für sich ein Kind sucht, sondern weiß, dass vorrangig das Kind verantwortungsbewusste, liebevolle Eltern bekommen soll. Eltern und Kind müssen eine Art »Probejahr« absolvieren, in denen Mitarbeiter des Jugendamts regelmäßig zu einem Gespräch mit Eltern und Kind vorbeikommen. Erst nach diesem Jahr ist eine Adoption möglich.

Eigene Kinder aber kann jede und jeder bekommen!

Vorurteile — in Deutschland nicht auszurotten

Die Definition von »Vorurteil« im DUDEN lautet: »ohne Prüfung der objektiven Tatsachen voreilig gefasste oder übernommene, meist von feindseligen Gefühlen gegen jemanden oder etwas geprägte Meinung«.

»... und dann haben wir bald nur noch gestörte Kinder«

Dieser Ausspruch, der sich gegen berufstätige Mütter richtet, ist nicht nur bösartig, sondern einfach falsch. Es gibt keinen Beleg dafür, dass Kinder in Frankreich oder Skandinavien verhaltensauffälliger, krimineller oder bindungsunfähiger wären als bei uns. Sie haben sogar bessere PISA-Ergebnisse. Und in diesen Ländern sind Mütter in deutlich größerem Umfang berufstätig.

Es ist richtig, dass psychotherapeutische Praxen voll sind mit Kindern und Jugendlichen in seelischer Not. Aber das sind nicht überwiegend die Kinder von berufstätigen Müttern. Ganz im Gegenteil!

Schwere Schäden richten nach Aussagen von Psychotherapeuten nicht nur Mütter an, die ihre Kinder vernachlässigen. Sondern auch die ehrgeizigen Mütter oder Eltern, die ihre Kinder als »Projekt« sehen, das unbedingt gelingen muss, die schon während der Schwangerschaft am IQ ihres Kindes »arbeiten«, die am liebsten schon ihr Baby auf den »Weltmarkt« vorbereiten wollen mit »Early English« und »Mandarin« im Vorschulalter, deren Kinder getaktete Tage haben wie ein Manager und zur Erholung dann Tai-Chi für Kleinkinder machen müssen.

Oder die Mütter, die überall Gefahren sehen und ihr Kind rund um die Uhr mit GPS überwachen oder die jede Kritzelei ihres Kindes als Geniestreich loben und in der Schule auf der Matte stehen, wenn ihr geniales Kind eine 4 oder 5 bekommen hat. Wie soll da ein Kind eine realistische Einschätzung seiner Fähigkeiten bekommen?

Ich wage zu behaupten, dass eine berufstätige Mutter, die ein eigenes Leben hat mit eigenen Zielen und Interessen, diese Fehler nicht machen kann, weil sie die Zeit dazu gar nicht hat. Das wäre ein Glück für Kinder.

»Wenn ich arbeiten würde, ginge das ganze Geld für Kinderbetreuung drauf«

Wenn Kinder klein sind, kann das natürlich vorübergehend so sein. Das sollte auch geändert werden. Aber schon heute »bringt« es etwas, im Beruf zu bleiben – weil der berufliche Einstieg nach der Familienpause viel leichter gelingt, weil berufliche Qualifikationen nicht aufs Spiel gesetzt werden, weil in die gesetzliche Rentenversicherung eingezahlt wird, weil Arbeit Freude bringt und soziale Kontakte.

»An der Supermarktkasse kann sich eine Frau doch nicht verwirklichen«

Das sagte einmal ein sehr bekannter bayerischer Kabarettist. Das ist schlicht arrogant. Denn eigenes Geld, egal wo es verdient wird, macht unabhängig. Wer berufstätig ist, hat soziale Kontakte, Austausch mit Kollegen, Anerkennung und deshalb auch in einfacheren Tätigkeiten ein interessanteres Leben als jemand, der nur zu Hause sitzt.

Ausreden —
darauf kann man verzichten

Auch hier zitiere ich gern den DUDEN, weil man es treffender nicht sagen kann. Eine Ausrede ist ein »nicht wirklich zutreffender Grund, der als Entschuldigung für etwas vorgebracht wird«.

»Die Rente ist mir piepegal«

Dies sagte eine junge Frau, und sie fuhr fort: »Ich will das erste Wort meines Kindes hören und seine ersten Schritte erleben.«

Natürlich kann es sein, dass der erste Schritt in der Krippe, bei der Oma oder der Tagesmutter stattfindet. Aber vielleicht reicht es ja, den 10., 20., 100. Schritt zu begleiten. Und das erste Wort hört man sicher auch am Abend nach Büroschluss noch einmal.

Uns allen darf die Rente dieser jungen Frau nicht egal sein, denn: Wenn sie von ihrer Rente im Alter nicht leben kann, zahlen wir alle für sie über die Grundsicherung, die ja aus Steuermitteln erbracht wird.

»Für meine Altersversorgung
habe ich kein Geld«

Fast eine Milliarde Euro beträgt der jährliche Umsatz der Anti-Aging-Produkte allein in Deutschland. Botoxkuren, Schönheitsoperationen boomen, an jeder Ecke gibt's Nagel- und Waxing-Studios. Und da soll nichts übrig sein, damit die Rente später stimmt? Ich denke, es ist eine Frage der Prioritäten.

»Man ist doch im Leben immer von irgendwem abhängig!«

Auf jeden Fall trifft das auf Kinder zu. Sie sind viele Jahre in jeder Hinsicht vollkommen abhängig und brauchen deshalb Schutz. Abhängig ist man natürlich auch vom Arbeitgeber oder von gesellschaftlichen Rahmenbedingungen.

Aber muss man deshalb auch noch von seinem Partner abhängig sein? Also von einer einzigen Person? Unter völlig veränderten gesellschaftlichen Rahmenbedingungen als noch vor einigen Jahrzehnten? Was verspricht sich eine Frau davon?

Abhängigkeit kann viel Leid mit sich bringen, weil der Nicht-Abhängige (und das ist meist der Mann) der Abhängigen (meist der Frau) jederzeit den Stuhl vor die Tür stellen kann. Wer zahlt, schafft an, so einfach ist das immer noch.

Was also ist akzeptabel an Abhängigkeit? Warum ist es erstrebenswert, jemand anderem die Verantwortung für das eigene Leben zuzuschieben und nicht zur Kenntnis zu nehmen, dass das heute vielfach nicht mehr funktioniert?

Fazit: Weil Mütter wie Väter Menschen und deshalb fehlbar sind und Familien nicht immer heil und harmonisch, deshalb ist es so wichtig, dass sich familiäre und öffentliche Erziehung ergänzen, dass ein Kind die Chance hat, andere Erwachsene und Kinder und deren Verhalten kennenzulernen. Der Spruch »Es braucht ein ganzes Dorf, um ein Kind zu erziehen« ist zwar abgedroschen, er ist aber trotzdem richtig. Ein Kind sollte über viele stabile Beziehungen verfügen, zum Beispiel im Kindergarten, in der Schule und natürlich mit Freunden.

Es geht also darum, sich von Illusionen, Vorurteilen und Ausreden zu verabschieden. Sie bringen nicht weiter und dienen nur dazu, die Realität nicht wahrzunehmen, um sich selbst und seine Lebensumstände nicht verändern zu müssen.

Mythos Rabenmutter

Dieser unsägliche Begriff ist ein alter Hut, aber er scheint das ewige Leben gepachtet zu haben. Noch immer gibt es viele, die daran glauben und dies auch kundtun müssen, heute ganz modern in den entsprechenden Chatrooms im Internet.

Demnach haben berufstätige Mütter nur eins im Sinn: ihr Kind schon aus dem Kreißsaal in eine Krippe zu geben, wo das arme Kind dann bis in die Nacht hinein bleiben muss und von überforderten Erzieherinnen versorgt wird. Und alles, damit sich die karrierebesessene, kaltherzige Mutter selbst verwirklichen kann. Die Kinder werden dann – das ist unausweichlich – verhaltensgestört, wenn nicht gar kriminell.

Diese Behauptungen sind so abstrus, dass man darüber lachen könnte. Das ist aber nicht angebracht, denn solches Gedankengut hat tiefe Wurzeln. Eine davon liegt sicher im dunkelsten Kapitel Deutschlands, in der Nazizeit: Emanzipation wurde damals als Erfindung des »jüdischen Intellekts« bezeichnet. Eine »echte« Frau zeichnete sich durch Treue, Pflichterfüllung, Opferbereitschaft und Selbstlosigkeit aus. Berufstätigkeit sollte sie den Männern überlassen. Frauen waren dazu da, vor allem als Mutter ihre Pflicht zu erfüllen. Der Mann war der Versorger und Beschützer der Familie. Die »natürliche« Aufgabe der Frau war es, möglichst viele Kinder zur Welt zu bringen. Waren es mindestens vier, bekam sie das Mutterkreuz für ihre Verdienste um das Vaterland.

Wie kann sich so ein Unsinn nur so lange halten? Es ist nicht verständlich, denn Bindungsforscher, Entwicklungspsychologen und Psychotherapeuten sagen übereinstimmend, dass Frauen, um eine gute Mutter zu sein, auch auf ihre eigenen Bedürfnisse achten und ihr Leben nicht allein über das Muttersein definieren sollten.

Ganz abgesehen davon: Rabenvögel sind sehr gute Eltern. Beide Elternteile kümmern sich rührend um ihre Jungen und begleiten und umsorgen sie, bis sie flügge sind. Dass Raben auch noch sehr intelligente Tiere sind, sei nur am Rande erwähnt.

Insoweit ist die Bezeichnung »Rabenmutter« eher eine Auszeichnung als eine Beschimpfung, als die sie gemeint ist.

Diesen Begriff gibt es übrigens nur im Deutschen. Andere vergleichbare Länder kennen weder ein solches Wort, noch haben die Menschen dort das Bedürfnis, erwerbstätigen Müttern die Mutterliebe abzusprechen.

Es gibt auch keine haltbaren Untersuchungsergebnisse, die besagen, dass Kinder in Familien mit einer erwerbstätigen Mutter unglücklicher, verhaltensauffälliger oder schlechter in der Schule wären.

Aber das schlechte Gewissen wird Müttern bei uns von vielen eingeimpft, zum Beispiel von Lehrerinnen und Lehrern, die ganz selbstverständlich davon ausgehen, dass die Eltern täglich ausreichend Zeit haben, mit ihren Kindern die Hausaufgaben zu erledigen.

Akzeptiert wird eventuell noch, dass eine alleinerziehende Mutter arbeiten muss. Aber viel zu oft werden Mütter nach wie vor schief angesehen, wenn sie erwerbstätig sein wollen, obwohl der Partner gut verdient.

Es wird Zeit, dass diese diskriminierende Diskussion bei uns in Deutschland nicht immer wieder aus der Mottenkiste geholt wird, sondern für immer in der Versenkung verschwindet.

8 Märchenprinzen gibt es nicht!

Helma Sick

Interview mit
Prof. Dr. sc. Uta Meier-Gräwe

Uta Meier-Gräwe ist Professorin für Wirtschaftslehre des Privathaushalts und Familienwissenschaft an der Justus-Liebig-Universität Gießen. Sie war Mitglied der Expertenkommission, die den Ersten Gleichstellungsbericht der Bundesregierung »Neue Wege – Gleiche Chancen« verfasste.

Mehr Eigenverantwortung, mehr Mitgestaltung!

Helma Sick: Manche Frauen meinen, dass sie klug handeln, wenn sie sich dem Tempo und dem Leistungsdruck der Arbeitswelt oder einer Führungsfunktion entziehen, weil sie wissen, dass Geld und Macht nicht alles sind im Leben. Ist da nicht was dran?

Uta Meier-Gräwe: Das klingt nur auf den ersten Blick einleuchtend. Es würde nämlich bedeuten, Männern auch weiterhin die Gestaltungsmacht in Wirtschaft, Wissenschaft und (Welt-)Politik nahezu vollständig zu überlassen und dann über familien- und frauenfeindliche Entscheidungen zu jammern, die in der Chefetage fallen. Nur wenn mehr Frauen in qualifizierten Jobs und in Führungsgremien arbeiten, ist einflussreiche Mitgestaltung möglich.

Dass in Deutschland viele Sitzungen erst um 17 Uhr stattfinden, hat ja gerade damit zu tun, dass Männer weitgehend »freigestellt« sind von der Arbeit des Alltags. Ihre Ehefrauen kümmern sich um das Abendessen, um Hausaufgaben und Wandertage der Kinder und sorgen für ein gemütliches Zuhause.

Länder, in denen Frauen ganz selbstverständlich im Berufsleben stehen, und zwar jenseits von prekärer Beschäftigung und Minijob, haben dagegen die Arbeitswelt in Richtung Familienfreundlichkeit umgekrempelt: Termine und Besprechungen werden dort zeitlich so angesetzt, dass auch Mütter und Väter, die ihre Kinder vom Kindergarten abholen wollen, daran teilnehmen können.

Niemand würde in Schweden auf die Idee kommen, dass Frauen, die Kinder haben, fortan nicht mehr an einer interessanten Berufstätigkeit interessiert sind. Bemerkenswert ist auch die Haltung in Skandinavien, dass Väter, die noch nach 20 Uhr im Büro sitzen, eher als nicht gut organisiert wahrgenommen werden. Die Umwelt wundert sich: Hat er keine Familie? Oder überlässt er gar seiner Partnerin die ganze Hausarbeit? Bei uns gilt eine Anwesenheitskultur mit überlangen Präsenzzeiten immer noch als Ausdruck einer besonderen Leistungsbereitschaft und ist de facto karrierefördernd.

Sick: Was bringt es, wenn mehr Frauen Führungsverantwortung übernehmen?

Meier-Gräwe: Norwegen ist mit der Einführung einer Frauenquote für Aufsichtsräte und der Erhöhung des Frauenanteils in Führungspositionen bestens gefahren, obwohl es auch dort anfänglich erhebliche Widerstände gab. So ist die Befürchtung, norwegische Unternehmen würden dann ins Ausland abwandern, definitiv nicht eingetreten. Andere Länder ziehen nach: In Frankreich muss bis 2017 der Frauenanteil in den Verwaltungsräten börsennotierter Unternehmen 40 Prozent betragen. EU-weit findet gerade ein Wettlauf um die geeignetsten Maßnahmen zur Steigerung des Frauenanteils im Spitzenmanagement statt.

Wenn Deutschland seine Position im internationalen Wettbewerb halten will, sollte schleunigst nachgezogen werden. Denn internationale Studien belegen sehr solide, dass Unternehmen mit einem höheren Frauenanteil in den Führungspositionen nicht nur ein besseres Betriebsklima und eine höhere Kundenorientierung aufweisen, sondern auch einen größeren finanziellen Erfolg einfahren. Homogenisierte männliche Führungsriegen stehen heute nicht mehr per se als Garant für Qualität und Innovation. Stattdessen brauchen wir die Umsetzung von Diversity-Konzepten: Geschlechter- und altersgemischte Teams aus verschiedenen Kulturen bringen vielfältige Perspektiven ein und entwickeln kreative Lösungen in einer globalen Welt. Fakt ist, dass die Kosten der momentanen Nicht-Gleichstellung am Ende höher sind als die einer nachhaltigen Gleichstellungspolitik.

Aber selbstverständlich bedarf es eines Vertrauensschutzes für jene älteren Frauen und Männer, die ihr Leben nach den traditionellen Rollenmustern der bundesdeutschen Industriegesellschaft gestaltet haben.

Sick: Sollten Frauen generell mehr Eigenverantwortung übernehmen?
Meier-Gräwe: Sie sind jedenfalls gut beraten, nicht auf die Ansichten ihres Märchenprinzen allein zu vertrauen oder nach dem Prinzip Hoffnung zu verfahren, dass die Ehe in jedem Fall hält oder der Staat schon für Gerechtigkeit sorgen wird. Es macht Sinn, sich schon im Vorfeld einer Eheschließung umfassend darüber zu informieren, welche mittel- und langfristigen Folgen bestimmte Entscheidungen während der Ehe für sie im Scheidungsfall haben. Es ist durch Studien eindeutig belegt, dass viele Männer ihre Partnerinnen geradezu drängen oder darin bestärken, einen Minijob anzunehmen. Die Folgen dieser oft gemeinschaftlich getroffenen Entscheidungen treffen aber die Frauen am Ende ganz massiv. Wer über 15 Jahre einen Minijob auf 450-Euro-Basis ausübt, um Zeit für die Familienarbeit zu haben, erzielt damit einen Rentenanspruch von 70 Euro pro Monat!

Nachgewiesen ist auch, dass Frauen, die einen Minijob ausüben, von ihrem Arbeitgeber in der Regel so wahrgenommen werden, als wären sie nicht an einer beruflichen Entwicklung interessiert.

Für Frauen geht es darum, von Anfang an um eine faire Arbeitsteilung mit dem Partner zu ringen, um eine wasserdichte Absicherung im Alter für beide und um den Verbleib im Beruf, denn der Ausstieg kommt

Frauen teuer zu stehen. Diese Argumentation spricht überhaupt nicht gegen eine vorübergehende Teilzeit, wenn die Kinder noch klein sind. Noch besser aber ist es, gemeinsam Elternzeit zu nehmen und dann wieder in den Beruf zurückzukehren.

Sick: Wie könnten sich berufstätige Mütter besser entlasten? Zum Beispiel durch haushaltsnahe Dienstleistungen?

Meier-Gräwe: Viele Frauen meinen immer noch, sie müssten Haushalt und Kindererziehung perfekt und allein organisieren. Diese Einstellung ist nicht zuletzt ein Resultat des über Jahrzehnte in Westdeutschland dominanten und strukturell verfestigten Leitbildes der »guten, nicht erwerbstätigen Mutter«, die diese in der Tat wichtigen Aufgaben über viele Generationen hinweg unbezahlt und im Privaten verrichtet hat. Wenn dann noch die Berufstätigkeit hinzukommt, wird das unter den derzeitigen Rahmenbedingungen oft als Überforderung erlebt und führt am Ende zum Verzicht auf eine anspruchsvolle Berufstätigkeit oder zu einer deutlichen Reduktion.

Ich erlebe immer wieder, dass Frauen meinen, sie und nur sie wüssten um den einzig verträglichen Fencheltee oder den richtigen Reiskeks für die Kleinen. Es ist aber nicht der Untergang des Abendlandes, wenn ein Teil der Haus- und Versorgungsarbeit professionellen Diensten übertragen wird.

Im Übrigen könnten auch Unternehmen auf diese Weise ihre Mitarbeiterinnen wirksam entlasten. Warum eigentlich gibt es noch nicht in jedem größeren Unternehmen einen Bügelservice oder die Möglichkeit, aus der Kantine für den Abend die eine oder andere Menükomponente mitzunehmen, die dann nur noch durch einen frischen Salat oder eine Nachspeise zu Hause ergänzt werden muss? Dadurch könnten sich berufstätige Frauen auf ihren erlernten Beruf konzentrieren, und am Abend wäre Qualitätszeit mit der Familie möglich.

Allerdings sind auch hier politische Entscheidungen in Form von Markteinführungshilfen gefragt, um solche Dienstleistungen bezahlbar zu machen und auch denjenigen, die diese Dienste übernehmen, zu einem auskömmlichen Einkommen zu verhelfen. Nach wie vor klafft in dieser Hinsicht eine massive Versorgungslücke von der Betreuung von Kleinkindern über Hol- und Bringdienste bis hin zu verlässlichen Angeboten für hilfe- und pflegebedürftige Angehörige. Stattdessen leisten wir uns einen schwarzgrau-melierten Arbeitsmarkt, auf dem Migrantinnen häufig unter grottenschlechten Arbeitsbedingungen tätig sind und dafür ihre Kinder in den Herkunftsländern – oft ohne Betreuung – zurücklassen müssen.

Sick: Welche Folgen hat das für die Lebensqualität von Frauen?
Meier-Gräwe: Leider setzen bestimmte Interessengruppen in Deutschland noch immer auf die unbezahlte Haus- und Sorgearbeit von Frauen. Ich erinnere an die ideologisch geführte Debatte um das Betreuungsgeld oder an die Vorstellung, dass die Familie weiterhin der Pflegedienst Nummer 1 bleiben soll, obwohl das allein schon aufgrund der absehbaren Fachkräftelücke in einer stark alternden Gesellschaft zu erheblichen Zielkonflikten führen wird. Solche häuslich-privaten Pflegearrangements verhindern nicht nur eine ebenbürtige Teilnahme am Berufsleben und reduzieren dadurch das Erwerbseinkommen deutlich. Frauen bezahlen auch mit ihrer Gesundheit und mit ihrer Lebensqualität. Es gibt jedenfalls zu denken, dass im Jahr 2012 die Zahl der gesunden Lebensjahre von Frauen in Deutschland nach Erreichen des 65. Lebensjahres nur noch knapp sieben Jahre beträgt, wohingegen Schwedinnen mit weiteren 14,6 Lebensjahren rechnen können, Däninnen immerhin mit 12 Jahren.

Sick: Was sagen Sie also den Frauen?
Meier-Gräwe: Jammern hilft nicht! Frauen müssen individuell vorsorgen, mit dem Partner womöglich auch unangenehme Aushandlungsprozesse führen und sich in die Gestaltung von Lebens- und Arbeitswelten aktiv einmischen!

9 Mut zum Wandel für eine bessere Zukunft

Renate Schmidt / Helma Sick

Vieles muss anders werden, wenn es besser werden soll. Lösungen kann es nur geben,

- wenn der Gesetzgeber bereit ist, alte Zöpfe in der Familienpolitik abzuschneiden,
- wenn Arbeitgeber familienfreundlicher werden,
- wenn Frauen und Männer bereit sind, sich von alten Rollenbildern zu trennen.

Unsere Erwartungen an den Gesetzgeber

Als wichtigste familienpolitische Maßnahme müssen die Anreize für eine Nichterwerbstätigkeit von Frauen abgeschafft bzw. deutlich reduziert werden.

Wie bereits mehrfach geschildert, führen die bestehenden Verhältnisse zu höchst widersprüchlichen Ergebnissen, die niemandem nützen und Familien schaden.

Eine Richtschnur für politisches Handeln muss lauten: Jeder und jede Erwachsene ist für seinen bzw. ihren Lebensunterhalt selbst verantwortlich. Das heißt, dass langfristig die gegenseitige Unterhaltsverpflichtung unter Erwachsenen abgeschafft werden muss. Zeiten, in denen wegen der Sorge für Kinder oder pflegebedürftige Angehörige keine Erwerbstätigkeit möglich ist, sollen – soweit sinnvoll und möglich – mit staatlichen Lohnersatzleistungen ausgeglichen werden.

Dass sich (Ehe-)Partner gegenseitig unterstützen müssen, soll nur dann der Fall sein, wenn einer von beiden nicht oder nicht ausreichend für den eigenen Lebensunterhalt aufkommen kann. Dieser Unterhalt könnte bis zu einer bestimmten Obergrenze steuerlich absetzbar sein.

Dies würde dann auch für nicht eheliche Lebensgemeinschaften gelten. So wäre endlich Schluss damit, dass unverheiratete Lebenspartner steuerlich wie Alleinstehende mit entsprechend höherer steuerlicher Belastung behandelt werden.

Was viele zu Recht als Skandal empfinden: Sobald es um den Bezug von Sozialleistungen geht, werden Frau und Mann in einer nicht ehelichen Lebensgemeinschaft quasi als verheiratetes Paar betrachtet. Einkommen wird gegebenenfalls auf staatliche Leistungen angerechnet, in der Folge fallen Arbeitslosengeld II oder Sozialgeld entsprechend geringer aus.

Diese staatliche Betrachtungsweise entfällt, wenn mit dem Status »Ehe« Mindereinnahmen oder Leistungen des Staates verbunden sind. Wie zum Beispiel beim Ehegattensplitting oder der kostenfreien Mitversicherung in der gesetzlichen Krankenversicherung.

Dringend notwendig sind also folgende Maßnahmen:

1. Die Politik muss die *Unterhaltsverpflichtung für Eheleute* so verändern, dass Erwachsene nicht oder nur sehr eingeschränkt füreinander einstehen müssen. Das *Ehegattensplitting* kann dann abgeschafft bzw. entsprechend der weiter bestehenden Unterhaltsverpflichtung eingeschränkt werden.
Der Steuervorteil für gut gestellte Einverdienerehen muss abgeschafft werden. Stattdessen soll – wie in vielen anderen Ländern üblich – das Prinzip der Individualbesteuerung eingeführt werden. Das heißt, jede und jeder wird nach seinem individuellen Einkommen besteuert.
2. *Die beitragsfreie Krankenversicherung* von nicht oder geringfügig erwerbstätigen Ehepartnern muss abgeschafft werden. Für Zeiten der Kinderbetreuung, die großzügig anzusetzen und nicht auf die ersten Lebensjahre zu beschränken sind, und für Zeiten der Pflege von Angehörigen werden die Beiträge vom Staat übernommen.
3. Abgeschafft werden muss auch die *beitragsfreie Witwenrente* für alle, die heute jünger als 45 bis 50 Jahre sind.

4. Sowohl für die Krankenversicherung als auch für die Rentenversicherung ist die *Beitragsbemessungsgrenze* ganz zu streichen oder mindestens zu verdoppeln, bei gleichzeitiger Festlegung einer Höchstrente.

Wer bei dieser Forderung sozialistische Umtriebe wittert, dem sei der Blick in die kapitalistische Schweiz empfohlen, wo in der Rentenversicherung dieses System höchst erfolgreich seit mehreren Jahrzehnten praktiziert wird.

Was Familien brauchen

Mit der Abschaffung von Ehegattensplitting, beitragsfreier Krankenversicherung und Witwenrente könnten mindestens 50 Milliarden Euro jährlich eingespart werden. Diese dürfen aber keinesfalls beim Straßenbau oder im Verteidigungshaushalt landen, sondern müssen einer zeitgemäßen Familienpolitik zugutekommen.

Eine bessere Infrastruktur

Familien brauchen heute mehr denn je eine gute Infrastruktur. Das beginnt mit bezahlbaren Häusern und Wohnungen, in denen Kinder auch mal laut sein dürfen, und setzt sich fort mit Spielmöglichkeiten in erreichbarer Nähe, Verkehrsführungen, die Kinder (und Alte) nicht gefährden, und guten Betreuungsmöglichkeiten, angefangen von Krippen über Kitas bis hin zu Ganztagsschulen und Ferienbetreuung.

Zwar ist der Ausbau der Kinderbetreuung seit 2005 mit dem Tagesbetreuungsausbaugesetz vorangekommen. Es stehen aber längst noch nicht überall ausreichend Betreuungsplätze zur Verfügung. Vollkommen auf der Strecke geblieben ist außerdem die Qualität. Es fehlen gut ausgebildete Erzieherinnen und Erzieher, die vernünftig bezahlt werden. Die Gruppen, vor allem im Kleinstkinderbereich, sind zu groß, und Ganztagesplätze für Kita-Kinder bleiben nach wie vor Mangelware.

Das setzt sich dann in der Schule fort. Im Grundschulbereich ist die integrierte – also verbindliche – Ganztagsschule die Ausnahme. Ferienbetreuung für Kinder erwerbstätiger Eltern gibt es nur in kleinem Umfang. Dies bedeutet für Eltern immer noch, dass einer – meist eine – von beiden aus dem Beruf aussteigen oder die Arbeitszeit auf ein Minimum reduzieren muss. Und das, obwohl immer mehr Mütter erwerbstätig sein möchten.

Weil Familie nicht nur aus Eltern und Kindern besteht, sondern auch aus Großeltern und immer häufiger auch Urgroßeltern, wäre es mit den frei gewordenen Mitteln außerdem möglich, besser für Pflegebedürftigkeit vorzusorgen und Familien bei der Pflege ihrer alten Angehörigen zu unterstützen.

Wie schon an anderer Stelle ausgeführt, wird in Deutschland nach wie vor ganz selbstverständlich davon ausgegangen, dass unbezahlte Pflegearbeit überwiegend von Frauen übernommen wird. Viele Frauen müssen wegen der Pflege ihrer Angehörigen ihre Berufstätigkeit aufgeben oder stark reduzieren. Das kann so nicht bleiben, hier ist Hilfe dringend nötig. Zum Beispiel könnten flächendeckend stadtteilbezogene Tagesplätze eingerichtet werden, in die pflegebedürftige Angehörige morgens gebracht und abends wieder abgeholt und in denen sie während Urlaubszeiten auch ganztags versorgt werden könnten.

Neue Wohnformen – Alten- und Demenz-WGs – müssen gefördert werden. Sie könnten einem Umzug ins Pflegeheim vorerst entgegenwirken.

Veränderung als Chance

Dies alles ist keine Utopie, sondern eine realistische Vision, die sich konkretisieren lässt, wenn wir die vorhandenen Mittel endlich zukunftsbezogen und nicht vergangenheitsorientiert ausgeben würden. Dennoch darf nicht der Eindruck entstehen, es ginge in erster Linie darum, Kinder und Alte sowie pflegebedürftige Menschen quasi »wegzuorganisieren« und Menschen mit familiären Pflichten stromlinienförmig an das Erwerbsleben anzupassen.

Vielmehr sollten es die notwendigen Einrichtungen Frauen und Männern ermöglichen, überhaupt erwerbstätig zu sein und außerdem noch genügend Zeit für ihre Kinder und pflegebedürftigen Eltern zu haben.

Mehr Zeit für Kinder und Alte

Was den Faktor Zeit betrifft, hat die Politik ihre Hausaufgaben weitestgehend gemacht: Es gibt den Anspruch auf Teilzeitbeschäftigung, leider fehlt bisher der Anspruch auf Rückkehr zur Vollzeittätigkeit. Teilzeit auf Dauer bedeutet, wie schon ausführlich beschrieben, eine weitere Armutsfalle für Frauen.

Es gibt die dreijährige Elternzeit, die Eltern nach ihren Wünschen und Notwendigkeiten bis zum achten Geburtstag des Kindes aufteilen können, außerdem das Elterngeld, das zumindest in einem begrenzten Umfang als Lohnersatz fungiert. Mit dem neuen Elterngeld Plus wird eine bis zu 28-monatige Bezugszeit möglich, wenn beide Elternteile gleichzeitig teilzeitbeschäftigt sind.

Gerechtere Aufteilung von Elternzeit und Elterngeld

Während Elternzeit und Erziehungsgeld früher von gerade mal vier Prozent der Väter in Anspruch genommen wurden, sind es heute schon 25 Prozent. Ein Riesensprung nach vorn, der nicht nur den Müttern, sondern vor allem auch den Kindern nützt. Denn sie erleben dadurch den Vater während der Woche nicht nur als Gute-Nacht-Sager, sondern als denjenigen, der sich auch tagsüber um sie kümmert und für sie sorgt.

Bei näherem Hinsehen entpuppt sich dieser Riesensprung aber doch eher als zögerlicher Schritt. Denn 25 Prozent Inanspruchnahme bedeutet eben auch, dass 75 Prozent der Väter weder Elternzeit noch Elterngeld nehmen. Und von den 25 Prozent, die zu Hause bleiben, nimmt der Großteil nur die zwei sogenannten Vätermonate, obwohl die meisten von ihnen nach eigenem Bekunden gern mehr Zeit mit ihren Kindern verbringen möchten.

Woran liegt das? An erster Stelle sind es wirtschaftliche Gründe und die nach wie vor ungleichen Einkommen von Männern und Frauen.

Die Tabelle auf der nächsten Seite zeigt die Auswirkung dieser Ungleichheit auf die Höhe des Elterngeldes und damit auf das Familieneinkommen.

Bei einem monatlichen Familiennettoeinkommen von 4000 Euro ist es schon ein großer Unterschied, ob durch das Elterngeld das verfügbare Einkommen auf 2800 Euro oder nur auf 3670 Euro sinkt.

Würden sich die 4000 Euro Familieneinkommen gleich verteilen, also beide Partner jeweils 2000 Euro netto verdienen, verteilt sich der Einkommensverlust natürlich auch gleich, beide bekämen 1300 Euro Elterngeld und damit 700 Euro weniger als bei Erwerbstätigkeit.

Es ist also wenig verwunderlich, dass sich vor diesem Hintergrund viele Paare nur zwei Vätermonate leisten können und wollen.

Abb. 5: Auswirkung von ungleichen Einkommen auf das Elterngeld

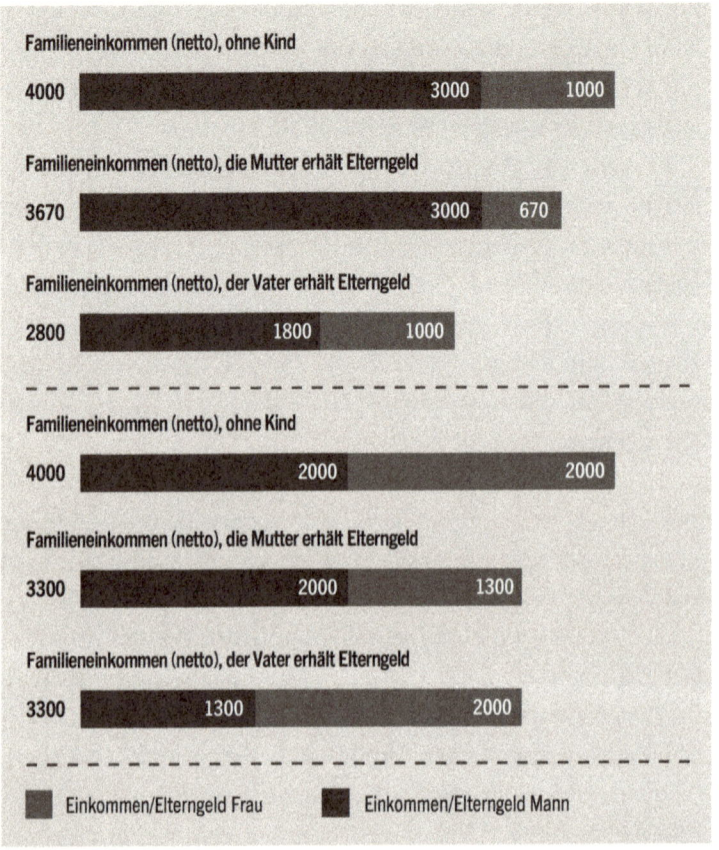

Familieneinkommen (netto), ohne Kind
4000 | 3000 | 1000

Familieneinkommen (netto), die Mutter erhält Elterngeld
3670 | 3000 | 670

Familieneinkommen (netto), der Vater erhält Elterngeld
2800 | 1800 | 1000

Familieneinkommen (netto), ohne Kind
4000 | 2000 | 2000

Familieneinkommen (netto), die Mutter erhält Elterngeld
3300 | 2000 | 1300

Familieneinkommen (netto), der Vater erhält Elterngeld
3300 | 1300 | 2000

■ Einkommen/Elterngeld Frau   ■ Einkommen/Elterngeld Mann

Durch das Elterngeld Plus wird das deutlich besser, denn Voraussetzung ist, dass beide Elternteile gleichzeitig zwischen 25 und 30 Wochenstunden über mindestens vier Monate erwerbstätig sind. Damit bleibt von seinem – höheren – Einkommen mehr übrig, und der Verlust ist nicht mehr so hoch.

Darüber hinaus entspricht das Elterngeld Plus dem Wunsch der meisten Eltern, länger mit ihrem Kind zu Hause zu bleiben. Die wenigsten können sich vorstellen, ihr Kind bereits mit einem Jahr ganztags in einer Krippe betreuen zu lassen, und auch den Kindern tut es gut, allmählich und in kleinen Schritten in Kitas »hineinzuwachsen«.

Dennoch wird die Zahl der Väter, die mehr als vier Monate Elternzeit nehmen, nicht dramatisch steigen, weil Einkommensausfälle weiterhin bestehen bleiben und weil Vätermonate in den meisten Unternehmen nach wie vor als ungewöhnlich angesehen werden – bis hin zum Karriere-Aus in vielen Betrieben.

Ein Teufelskreis, der zu denken gibt

Die ungleiche Verteilung von Elternzeit zwischen Müttern und Vätern verfestigt nicht nur Rollenzuschreibungen, sondern auch Einkommensunterschiede: Weil Frauen häufiger ihre Erwerbstätigkeit unterbrechen, werden die Einkommensunterschiede zu den Männern noch größer und die Bereitschaft der Mütter, nur noch Teilzeit zu arbeiten, steigt. Weil es aber keinen Anspruch für eine Rückkehr auf eine Vollzeitstelle gibt und sich viele an das geringere Arbeitspensum im Job gewöhnen, lohnt sich ihre Erwerbstätigkeit im Laufe der Zeit immer weniger.

Wie kann dieser Teufelskreis durchbrochen werden? Das Elterngeld sollte sich nicht mehr am Arbeitslosengeld, sondern am Krankengeld orientieren. Das würde für Durchschnittsverdiener eine echte Lohnfortzahlung mit nur geringen Einbußen bedeuten. Die Ausgaben für das Elterngeld würden sich allerdings nahezu verdoppeln. Finanzierbar wäre das durch die oben vorgeschlagenen Maßnahmen und durch die Abschaffung des Betreuungsgeldes, das dann auch bei seinen Befürwortern nicht mehr nötig wäre.

Bei einem derartig ausgestalteten Elterngeld könnte ein

jeweils 18-monatiger Anspruch auf Elternzeit für die Mutter und den Vater verankert werden, von denen 14 Monate mit Elterngeld Plus vorgesehen wären. Nicht in Anspruch genommene Monate der Elternzeit würden verfallen.

Es ist zu vermuten, dass dies ein Anreiz wäre, die Elternzeit nahezu hälftig aufzuteilen und Vätern in den Unternehmen bei Inanspruchnahme den Rücken zu stärken.

Unsere Erwartungen
an die Arbeitgeber

Folgendes würden sich wohl viele Unternehmen wünschen: Ganztagskindergärten mit möglichst 24 Stunden Öffnungszeit, Ganztagsschulen von der Grundschule bis zum Abitur, Arbeitnehmerinnen, die möglichst schnell nach der Geburt wieder am Arbeitsplatz sind. Arbeitnehmer und Arbeitnehmerinnen, die unabhängig von familiären Verpflichtungen flexibel und mobil sind und dem Unternehmen jederzeit zur Verfügung stehen können.

Darauf würden Unternehmen am liebsten verzichten: Arbeitnehmerinnen und Arbeitnehmer, die Zeit für ihre familiären Verpflichtungen beanspruchen, die nicht mobil einsetzbar sind, die sich selbst um ihre alten Eltern kümmern und ihre Kinder um 16 Uhr von der Kita abholen wollen, die wegen ihres erkrankten Kindes zu Hause bleiben möchten und womöglich auf Work-Life-Balance bestehen.

Das ist jetzt sicher etwas überspitzt formuliert, entspricht aber mit Sicherheit leider immer noch weitestgehend der Realität.

Zwar ist die Zahl der Unternehmen, die sich um betriebliche Familien- und/oder Gleichstellungspolitik kümmern, von armseligen 1,5 Prozent im Jahr 2002 auf ca. 15 Prozent im Jahr 2012 gestiegen, hat sich also in zehn Jahren immerhin verzehnfacht. Aber es gibt immer noch in 85 Prozent der Betriebe keine derartigen Bemühungen, und die Hälfte dieser Betriebe versucht sogar, möglichst viele der gesetzlichen Maßnahmen zu umgehen. Da wird dann einer Mutter, die nach der Elternzeit Teilzeit arbeiten will, lieber ein Abfindungsvertrag vor die Nase gehalten, als den gesetzlich verankerten Anspruch auf Teilzeitbeschäftigung zu ermöglichen.

Schon in den 80er-Jahren bot eine mittelständische Schweizer Firma, aus der Not geboren – es hätten sonst Entlassungen durchgeführt werden müssen –, ihren Mitarbeiterinnen und Mitarbeitern an, die Arbeitszeit nach eigenen Wünschen zu reduzieren. Nach überwundener Krise wurde die Regelung mit Abweichungen beibehalten. Alle Beschäftigten konnten in bestimmten Grenzen am Jahresanfang entscheiden, wie sie – abweichend von der tarifvertraglichen Arbeitszeit – arbeiten wollen.

Es waren weniger Stunden möglich, und das konnte in kürzerer täglicher oder wöchentlicher Arbeitszeit umgesetzt werden oder in längeren jährlichen Urlaubszeiten, je nach den familiären und persönlichen Bedürfnissen. Die Arbeitszeit konnte auch aufgestockt werden, um Geld für Anschaffungen oder den Hausbau zu haben oder um Einkommensverluste, die durch kürzere Arbeitszeiten entstanden waren, wieder auszugleichen. Dieses Modell funktionierte damals schon mehr als fünf Jahre.

Im Jahr 2014, also fast 30 Jahre später, berichtete die *Süddeutsche Zeitung* zum Thema flexible familienfreundliche Arbeitszeiten. Und es steht nicht etwa zu lesen, dass jetzt ganz viele Betriebe jährliche Arbeitszeitkonten eingeführt haben und familienfreundliche Arbeitszeiten eine Selbstverständlichkeit geworden wären. Nein, es wird berichtet, dass Betriebsräte unterschiedlicher Unternehmen Bauklötze staunen, als ihnen ein Kollege von BOSCH berichtet, was in einem Betrieb an Arbeitszeitmodellen so alles möglich ist.

Mit einem kleinen Schönheitsfehler: Die familienfreundliche Flexibilität gilt nur für Angestellte in den oberen Gehaltsgruppen. Ansonsten scheinen die Vorgesetzten in den Unternehmen nach wie vor dem Trugschluss anzuhängen, dass Anwesenheit und Leistung gleichzusetzen wären. Deshalb machen die mit den Überstunden Karriere, und dies sind garantiert nicht diejenigen, die sich um ihre Kinder oder pflegebedürftigen Angehörigen kümmern müssen.

Zwar gibt es inzwischen in rund 30 Prozent der Betriebe flexible Arbeitszeiten, aber häufig nicht als positives, familienfreundliches Angebot, sondern aus betrieblichem Interesse, das allzu häufig mit familiären Interessen kollidiert. Eltern können ihre Kinder eben nicht mal um 10, dann um 7 und dann um 14 Uhr in die Kita bringen und entsprechend später wieder abholen. Das hat nichts mit mangelnder Flexibilität zu tun, sondern mit dem Wohl der Kinder. Kindertagesstätten sollen nämlich Kinder nicht nur betreuen, sondern sie haben auch einen Bildungs- und Erziehungsauftrag.

Zeit für Familie ist Geld für Unternehmen

Zeit ist das Zauberwort für ein geglücktes Familien- und ein erfolgreiches Berufsleben. Die Familienstudie »Gesunde Kinder – gesunde Zukunft« 2014 weist nach, dass 46 Prozent der Familien über Zeitmangel klagen (gegenüber 41 Prozent im Jahr 2010). Mehr Zeit für die Kinder, aber auch mehr kinderfreie Zeit mit dem Partner oder der Partnerin ist der am häufigsten genannte Wunsch.

Andere Studien wie der »Welt-Mütter-Report« der Kinderrechtsorganisation Save the Children oder das »Dossier Mütter-erwerbstätigkeit« des Bundesministeriums für Familie, Senioren, Frauen und Jugend kommen zu vergleichbaren Ergebnissen. Alle weisen auf unterschiedliche Art und Weise nach, dass das »Multitasking« zwischen Job, Kindern, Schule, Fußballtraining, Hausaufgaben, Musikunterricht und Partnerschaft absolut kein Kinderspiel ist. Immer mehr Mütter leiden unter Depressionen und Schlafstörungen.

Nun sind Unternehmen natürlich keine Wohlfahrtsorganisationen, sie wollen und müssen wirtschaftlich vernünftig handeln, und sie müssen sich gegenüber ihren Aktionären verantworten, die Gewinne sehen möchten.

Dabei ist Zeit für Familien Geld für Unternehmen. Es ist erstaunlich, dass Unternehmen vor diesem Hintergrund so unendlich lange brauchen, ihre ureigensten Interessen zu erkennen.

Sehr viele Untersuchungen beweisen nämlich, dass sich familienfreundliche Maßnahmen für die Unternehmen rentieren, angefangen von entsprechenden Arbeitszeiten über Homeoffice-Angebote, betriebliche Kontakte während der Elternzeit, Hilfestellung bei der Kinderbetreuung oder der Pflege von Angehörigen bis hin zur Rücksichtnahme auf Teilzeitbeschäftigte, indem Besprechungstermine so gelegt werden, dass alle teilnehmen können.

Die Prognos AG zum Beispiel hat die Auswirkung familienpolitischer Maßnahmen in Großunternehmen, mittelständischen und Kleinbetrieben untersucht (2003 bis 2005) und kommt zu dem Ergebnis, dass die Rendite dieser Maßnahmen durchschnittlich 25 Prozent beträgt. Hier nur einige der Gründe: Die Fluktuation sinkt und damit die Personalbeschaffungs- und

Einarbeitungskosten. Die Arbeitsplatzzufriedenheit steigt und damit die Quantität und Qualität der Arbeitsergebnisse, weil Fehlzeiten sinken.

Offensichtlich aber werden derartige Studien von den verantwortlichen Entscheidern nicht gelesen. Anders ist der empörte Aufschrei aus der Wirtschaft und die ablehnende Haltung der Bundeskanzlerin zum Vorschlag der Bundesfamilienministerin Manuela Schwesig nicht zu erklären. Diese hatte eine Familienarbeitszeit von 32 Stunden für Väter und Mütter vorgeschlagen, bei der die Stunden, die zu einem Vollzeitarbeitsplatz fehlen, finanziell für einen begrenzten Zeitraum zumindest teilweise vom Staat ausgeglichen werden.

In jüngster Zeit gerät endlich Bewegung in diese Diskussion. Einige Verantwortliche, wie zum Beispiel der Präsident der Deutschen Industrie- und Handelskammer (DIHK), Eric Schweitzer, erkennen den Charme einer solchen Lösung angesichts des immer stärker steigenden Fachkräftebedarfs.

Wenn dann die Entscheider in den Unternehmen noch berücksichtigen würden, dass nach Geschlecht, Alter und ethnischer Herkunft gemischte Belegschaften bis hinauf in die Führungsetagen den größten unternehmerischen Erfolg versprechen, wäre aus der angeblichen Utopie Realität geworden.

Wenn Frauen und Männer eines Tages also gleich viel verdienen und Beschäftigungsrisiken durch Kinder gleich verteilt sein würden, so wären gescheiterte Ehen und Partnerschaften für die Beteiligten zwar nach wie vor eine emotionale, aber keine ökonomische Katastrophe mehr. Es läge dann nur noch an uns Frauen, was wir aus alldem machen!

Unsere Erwartungen
an die Frauen

Irene Natividad ist 65 und Präsidentin des »Global Summit of Women«, des Weltwirtschaftsforums für Politikerinnen, Managerinnen und Unternehmerinnen. 2007 fand ein Kongress dieser Organisation in Berlin statt. Und Irene Natividad stellte sehr verwundert fest, wie im Juni 2014 in einem Gespräch mit einer *SZ*-Redakteurin zu lesen war: »Die deutschen Frauen haben sich beschwert, beschwert, beschwert.«

Die Regierung sei schuld, dass Frauen immer noch benachteiligt seien, die Firmen seien schuld, die Chefs, das gesellschaftliche Umfeld, nur sie selbst nicht. Irene Natividad, Amerikanerin, konnte es nicht fassen. Es sei doch die Verantwortung der Frauen, daran etwas zu ändern, meinte sie. Damit hat sie den Nagel auf den Kopf getroffen. Denn Frauen fühlen sich gern als Opfer. Sie jammern, wie ungerecht das System ist, wie leicht sich doch Männer tun, warum Frauen weniger verdienen, dass doch mehr für sie getan werden müsste usw.

Eins aber ist sicher: Jammern stabilisiert das System, denn dadurch ändert sich überhaupt nichts. Jammern bringt also nicht weiter, sich als Opfer zu stilisieren, ebenfalls nicht. Die Verhältnisse ändern sich nur dann, wenn sich Frauen engagiert für eine Veränderung einsetzen.

Warten Sie also nicht darauf, dass andere etwas für Sie tun. Das hat noch nie funktioniert!

Vieles von dem, was heute für uns Frauen selbstverständlich ist, wie das Wahlrecht, das Recht, zu studieren oder einen Beruf auszuüben, war vor über 100 Jahren ein Erfolg von Frauen, die sich nicht haben entmutigen lassen.

Elisabeth Selbert –
die Mutter der Gleichberechtigung

Am 23. Mai 1949 wurde der Artikel 3 Absatz 2 »Männer und Frauen sind gleichberechtigt« in das Grundgesetz der Bundesrepublik Deutschland aufgenommen. Was sich so einfach anhört, war das Ergebnis eines Kampfes, den die Abgeordnete und Juristin Elisabeth Selbert führte.

In kleinbürgerlichen Verhältnissen aufgewachsen, war ihr eine gute Ausbildung nicht in die Wiege gelegt. Sie absolvierte eine Handelsschule, arbeitete in mehreren Unternehmen im Büro. Aber das genügt ihr nicht. Elisabeth Selbert holt das Abitur nach und studiert anschließend Jura. 1930 schließt sie ihr Studium mit Promotion ab. Nach dem Krieg tritt sie in die SPD ein und macht in der Politik Karriere.

1948 dann der Höhepunkt: Sie vertritt ihre Partei im Parlamentarischen Rat, der im Auftrag der westlichen Besatzungsmächte eine Verfassung für Westdeutschland ausarbeiten soll. Selberts erster Entwurf für einen Grundgesetzartikel, der Frauen die gleichen Rechte wie Männern zuschreibt, wird von konservativer Seite abgelehnt. Selbert lässt sich aber nicht entmutigen und wendet sich mit ihrem Anliegen an Presse und Öffentlichkeit. Die Folge ist ein nie da gewesener Beschwerdeansturm. Frauen aus allen Schichten und Berufen schreiben empörte Briefe an den Parlamentarischen Rat. Frauenverbände und Gewerkschaften solidarisieren sich. 40 000 Metallarbeiterinnen schreiben Briefe. Mit diesem massiven öffentlichen Protest hatten die Gegner der Gleichberechtigung nicht gerechnet. Sie geben auf!

Und der Gleichheitsgrundsatz wird als unveräußerliches Grundrecht in die Verfassung aufgenommen. Für Elisabeth Selbert ist es die Sternstunde ihres Lebens.

Das muss sich auf der gesellschaftlichen Ebene verändern

Einmal im Jahr (meist Februar/März) gibt es den Equal Pay Day. Das ist der Tag, bis zu dem Frauen länger arbeiten müssen, um auf den gleichen Jahreslohn zu kommen, den Männer im vergangenen Jahr erhielten.

In den Medien wird dann das alljährlich wiederkehrende Ritual ausführlich erörtert, die Lohnungleichheit beklagt, auf die Misere der Frauen hingewiesen. Und dann verschwinden diese Themen wieder in der Versenkung – bis zum nächsten Jahr.

Wo ist der Schulterschluss mit anderen Frauen, um sich für »gleichen Lohn für gleiche Arbeit« einzusetzen?

Stehen Frauen mit Transparenten vor dem Bundestag?

Oder organisieren und solidarisieren sie sich auf Facebook oder Twitter mit anderen Frauen?

Attackieren sie ihre Bundestagsabgeordneten, sich für ihre Belange stark zu machen?

Wählen sie die Parteien, die ihre Ziele und Wünsche vertreten?

Treten sie einer Gewerkschaft bei, um ihre Interessen durchzusetzen?

Nichts von alledem! Wer es zu bequem hat, protestiert nicht. Das ist eine alte Erfahrung. Und darum ändert sich so wenig.

Das muss auf der beruflichen Ebene passieren

Glauben Sie nicht daran, dass Sie sich allein aufgrund Ihrer Qualifikation im Beruf durchsetzen werden. Betriebs- und Verwaltungskulturen sind männlich geprägt, die Leistungskriterien auch.

Vertreten Sie Ihre Interessen, indem Sie sich in den Betriebsrat wählen lassen oder in die Gewerkschaft eintreten. In diesen Gremien haben Sie eher eine Chance, etwas zu verändern.

Engagieren Sie sich politisch, in Parteien, die sich eine moderne Familienpolitik auf ihre Fahne geschrieben haben und nicht die alte Rollenverteilung zwischen Mann und Frau, die letztendlich immer zulasten von Frauen geht.

Einkalkulieren müssen Sie natürlich auch, dass Engagement auch Niederlagen mit sich bringen kann. Lassen Sie sich nicht entmutigen – wenn Sie resignieren, haben Sie schon verloren. Nur wer weiterkämpft, kann gewinnen.

Veränderungen auf gesellschaftlicher und beruflicher Ebene sind aber nicht genug.

Auch das muss einmal gesagt werden: Jede Personalchefin, jeder Personalchef kann es bestätigen: Frauen machen gern, oft mit moralischem Unterton, ihre Ansprüche gegenüber dem Arbeitgeber geltend, die es ihnen ermöglichen sollen, Beruf und Familie zu vereinbaren.

Das ist zwar in Ordnung. Aber den entscheidenden Konflikten und Auseinandersetzungen mit ihrem Partner, was *er* in ihrem ganz persönlichen Fall zur Vereinbarkeit von Beruf und Familie beitragen kann, denen gehen sie lieber aus dem Weg und entscheiden sich damit, nichts zu verändern. Aber ohne ein Umdenken im privaten Bereich kann es nicht gehen.

Das muss auf privater Ebene passieren

Ganz wichtig ist es, einen eigenen Lebensplan zu entwerfen. Männer tun das, Frauen allzu häufig nicht. Einen Lebensplan machen heißt nicht, das Leben zu verplanen. Wer einen Plan hat, kann ihn jederzeit ändern und zwar nach eigenen Vorstellungen. Wer keinen hat, kann auf äußere Einflüsse und Gegebenheiten nur reagieren.

In ihrem Lebensplan sollten Sie einige wichtige Eckpunkte berücksichtigen:

Steigen Sie nicht zu lange aus dem Beruf aus. Ihre Qualifikation kann schnell ihren Wert verlieren, wenn Sie zu lange pausieren. Berufliche Anforderungen ändern sich rasant und deshalb kann ein Wiedereinstieg nach langer Pause schwierig werden.

Außerdem: Die Zeit, in der ein Kind intensive Betreuung braucht, ist relativ begrenzt. Ihre Lebenszeit aber ist unter Umständen lang. Wie schon an anderer Stelle gefragt: Was machen Sie in der restlichen Lebenszeit? Kinder können dazu beitragen, dass daraus ein erfülltes Leben wird. Das alleine wird aber nicht reichen.

Bei Ihrem Lebensplan geht es also nicht nur um die Begabungen Ihres Kindes, die Sie nach Kräften fördern wollen, sondern auch um Ihre eigenen Talente und Neigungen, die Sie entwickeln sollten. Und es geht um Ihre finanzielle Unabhängigkeit!

Ein Lebensplan bedeutet, nicht nur an *jetzt*, sondern auch an *später* zu denken. Prof. Jutta Allmendinger, Präsidentin des Wissenschaftszentrums Berlin für Sozialforschung, rät allen Frauen, vor wichtigen Entscheidungen ihr Leben »von hinten her« zu denken. Also zu überlegen, welche Konsequenzen eine Entscheidung – zum Beispiel für Kinder oder den Ausstieg aus dem Beruf – langfristig für sie hat. Sie meint – und wir meinen das auch –, dass dann sicherlich manche Wahl anders getroffen würde.

Suchen Sie deshalb rechtzeitig nach qualifizierter Kinderbetreuung, also nach einer Tagesmutter, einer Kinderkrippe und Kita.

Planen Sie die Berufspause, wenn Sie wegen Ihres Kindes eine Zeit lang aussetzen. Halten Sie während der Elternzeit Kontakt zu Ihrem Betrieb und zu Kolleginnen und Kollegen.

Bilden Sie sich während der Elternzeit weiter. Nutzen Sie dazu Angebote des Betriebs, der Volkshochschule oder anderer Träger der Erwachsenenbildung. Auch eine ehrenamtliche Tätigkeit kann Sie für Berufstätigkeit qualifizieren.

Treffen Sie mit Ihrem Partner Vereinbarungen, wie Kinderbetreuung und Haushaltsarbeit aufgeteilt werden können.

Idealerweise teilen Sie sich mit Ihrem Partner je zur Hälfte die Elternzeit. Und arbeiten Sie beide anschließend Teilzeit, wie es das Elterngeld Plus vorsieht.

Arbeiten Sie nicht in einem Minijob! Solche »geringfügigen Beschäftigungen« sind nur auf den ersten Blick bequem. Auf Dauer sind sie hochriskant, denn Sie laufen Gefahr, Ihre beruflichen Qualifikationen zu verlieren, vom Aufbau einer eigenen Altersversorgung ganz zu schweigen.

Für mehr als drei Viertel der Frauen im Minijob, die eine qualifizierte Berufsausbildung haben, ist die geringfügige Beschäftigung zu einer Dauererwerbsform geworden.

Befassen Sie sich mit Geld und mit Ihrer Absicherung! Behalten Sie, auch wenn Sie eine Partnerschaft eingehen, Ihr eigenes Konto. Nur so bleiben Sie »Herrin« über Ihre Finanzen und sind vor unliebsamen Überraschungen sicher, wie sie mitunter ein gemeinsames Konto mit sich bringt.

Eine praktische Lösung, weil stets überschaubar, ist das *Drei-Konten-Modell*: Die persönlichen Konten bleiben bestehen, neu eingerichtet wird ein Haushaltskonto, auf das beide einen vorher festgelegten Betrag überweisen – für Miete und Telefon, Versicherungsbeiträge, Kita- und Autokosten, für den täglichen Einkauf oder den jährlichen Urlaub.

So ein Modell hat den Vorteil, dass beide Partner finanziell unabhängig bleiben und sich niemand für persönliche Ausgaben rechtfertigen muss.

Legen Sie Ihren Sparvertrag zur Altersvorsorge nicht still, wenn Sie beruflich pausieren.

Wenn Sie auf beiderseitigen Wunsch länger aus dem Beruf aussteigen, sollte Ihre Altersversorgung aus dem Familieneinkommen weitergeführt werden. Wenn dies finanziell nicht möglich ist, könnte Ihr Partner einen seiner Sparverträge stilllegen (nach meiner langjährigen Erfahrung sparen Männer meist schon von früher Jugend an, Frauen oft nicht) und Ihren weiterbezahlen. Denn er bezieht ja weiterhin Arbeitseinkommen, zahlt also in die gesetzliche Rentenversicherung ein, hat eventuell noch eine Betriebsrente und private Sparpläne. Sie haben all dies während der Elternzeit nicht, haben also Nachteile, die kompensiert werden müssen.

Wenn Sie und Ihr Ehemann sich entschieden haben, dass Sie längere Zeit beruflich pausieren, weil er vom Ehegattensplitting profitieren kann, dann wäre es unserer Ansicht nach fair, das zusätzliche Einkommen, das durch den Vorteil des Ehegattensplittings ins Haus kommt, in Ihre Altersvorsorge zu investieren.

Vertrauen ist gut, ein Vertrag ist besser

Halten Sie die Vereinbarungen, die Sie getroffen haben, in einem Vertrag fest. In einem Ehevertrag, wenn Sie verheiratet sind, in einem Partnerschaftsvertrag, wenn Sie unverheiratet zusammenleben.

So ein Vertrag sollte geschlossen werden, solange Ihre Liebe noch jung ist. Ist die Liebe abhandengekommen, lassen sich erfahrungsgemäß kaum mehr faire Regelungen treffen.

All diese Themen bergen Konfliktstoff in einer Partnerschaft, das wissen wir. Es hilft aber nichts, dem aus dem Weg zu gehen. Sonst werden Sie Ihre Interessen vermutlich nicht durchsetzen können.

Es kann und darf aber nicht sein, dass gemeinsame Lebensentscheidungen wie die Familienplanung im Lebensverlauf ausschließlich zulasten der Frau gehen.

Es bewahrheitet sich immer wieder: Wer heute den Kopf in den Sand steckt, knirscht morgen mit den Zähnen!

10 Schöne Aussichten!

Helma Sick

Interview mit
Martina Helbing

Martina Helbing ist Projektleiterin von power_m in der Frauenakademie München, einem Projekt für den beruflichen Wiedereinstieg von Frauen, gefördert von der Stadt München und dem Europäischen Sozialfonds.

Zurück in den Beruf –
eine Prävention gegen Altersarmut

Helma Sick: Was macht power_m?

Martina Helbing: Seit über fünf Jahren bieten unterschiedliche Weiterbildungsträger in einem Verbund Unterstützung für qualifizierte Frauen (und Männer) an, die nach einer längeren Familienphase wieder zurück in den Beruf wollen. Dieses Angebot haben inzwischen über 2500 Frauen wahrgenommen. Männliche Teilnehmer gibt es nur ganz wenige, da es nach wie vor die Frauen sind, die ihren Beruf an den Nagel hängen und die Kinder zu Hause betreuen.

Nach einigen Jahren Pause ist es allerdings nicht so ganz einfach, wieder in den Beruf einzusteigen. Wir bieten Unterstützung durch Standortanalyse, Kompetenzerfassung und individuelles Coaching, bei der Erstellung von Bewerbungsunterlagen oder der Auffrischung von PC-Kenntnissen.

Sick: Warum bezeichnet die Stadt München das Angebot als Maßnahme gegen Altersarmut bei Frauen?

Helbing: Die Stadt München hat ein großes Interesse, dass die Frauen entsprechend ihrer Qualifikation wieder in eine sozialversicherungspflichtige Beschäftigung kommen und dadurch etwas für ihre eigene Alterssicherung tun, also mit einer entsprechenden Stundenzahl und einem angemessenen Gehalt oder Lohn.

Immer mehr Frauen sind im Alter arm und die Kommunen müssen sie mit Sozialleistungen unterstützen. Das kostet sehr viel Geld. Die Stadt München fordert deshalb auch, dass alle power_m-Teilnehmerinnen verpflichtend einen Workshop zum Thema Altersvorsorge besuchen. Insofern ist unser Projekt eine präventive Maßnahme gegen Altersarmut.

Sick: Welche Ausbildung haben die Frauen, die zu Ihnen kommen?

Helbing: Weit über 60 Prozent unserer Teilnehmerinnen haben einen Hochschulabschluss und über 95 Prozent eine abgeschlossene Berufsausbildung. Nur ganz wenige haben keinen Berufsabschluss. Und wenn, dann weil sie das Studium oder die Ausbildung kurz vor dem Ende wegen einer Schwangerschaft abgebrochen haben. Die Frauen sind also sehr gut qualifiziert, haben schon einige Jahre erfolgreich in ihrem Beruf gearbeitet und ihre erste Karriere schon hinter sich.

Sick: Warum sind die Frauen aus dem Beruf ausgestiegen? Wie viele Kinder haben sie, und wie lange dauerte der Ausstieg?

Helbing: Die durchschnittliche power_m-Frau ist zwischen 43 und 44 Jahre alt, hat zwei Kinder und ist seit ca. zehn Jahren raus aus dem Beruf. Und sie ist, wie schon erwähnt, sehr gut qualifiziert. Alle Frauen sind aus familiären Gründen, in der Regel wegen der Kindererziehung, aus dem Beruf ausgestiegen. Das klärt zwar die Frage, warum sie ausgestiegen sind, aber nicht die lange Dauer. Das ist differenzierter zu betrachten:

- Der immer noch vorrangige Grund ist bzw. war die nicht ausreichende Ganztagsbetreuung der Kinder.
- Andere wichtige Gründe sind, dass die Arbeitgeber, zu denen die Frauen ja zurückkehren könnten, oft nicht sehr kooperativ sind. Bei

unzureichender Kinderbetreuung wird da schnell ein Auflösungsvertrag unterschrieben. Frauen kämpfen offensichtlich nicht so gerne um ihre Rechte. Zudem ist die Rechtslage bezüglich einer Rückkehr in Teilzeit lückenhaft.

- Während die Frauen zu Hause die Kinder betreuen, machen die Männer Karriere. Die ist häufig mit räumlicher Flexibilität verbunden, das heißt, die Familie folgt ihm, seiner Karriere zuliebe, an einen anderen Ort. Der Kontakt zum eigenen Arbeitgeber fällt dann weg.
- Die Karriere-Männer ziehen sich zudem fast vollständig aus dem gemeinsamen Familienalltag zurück. Die Frauen machen dann alles: Kinder, Küche, Einkauf, den Garten und nicht zu vergessen – die Hausaufgabenbetreuung.
- Inzwischen ist das berufliche Selbstbewusstsein ganz tief im Sandkasten vergraben und der Wiedereinstieg in den Beruf erscheint oft als unüberwindbar hohe Hürde.
- Wenn dann auch noch ein Elternteil pflegebedürftig wird, ist die Dauer des Ausstiegs sehr lang.

Sick: Was sind die Motive der Frauen, die zu Ihnen kommen?

Helbing: Die Motive unterscheiden sich. Ein Drittel der Frauen muss schnell wieder einsteigen – eine Scheidung/Trennung steht an oder der Mann hat seine Arbeit verloren. Alleinerziehende sind ebenfalls einem starken Druck ausgesetzt, »irgendeine Arbeit« aufzunehmen. Ein Drittel der Frauen findet, dass die Familie nun auf einem guten Weg ist und es Zeit wird, sich wieder beruflich einzubringen. Sie wollen eigenes Geld verdienen und etwas für ihre Altersvorsorge und natürlich auch für ihr Selbstbewusstsein tun. Das letzte Drittel hat keine klar formulierte Motivation.

Sick: Welche Anforderungen stellen Sie an Ihre Klientinnen?

Helbing: Am Anfang wollen viele Frauen nur ein paar Stunden arbeiten, am liebsten von 8 oder 9 Uhr bis Mittag, wenn die Kinder in der Schule sind. Das ist meist unrealistisch. Gerade bei anspruchsvollen Tätigkeiten bieten die Unternehmen oft nur vollzeitnahe Stellen an. Eine gewisse zeitliche Flexibilität sollte deshalb eingeplant werden.

Die Frauen erfahren bei uns also auch einen »zeitlichen« Realitätscheck. Nach dem Workshop zum Thema »Altersvorsorge« ist vielen klar, dass sie mit einer größeren Stundenzahl einsteigen müssen, als am Anfang geplant.

Die PC-Kenntnisse müssen auf dem aktuellsten Stand sein. Ihre diesbezüglichen Kompetenzen können bei uns in einem IT-Test festgestellt werden. Entsprechende Lücken müssen dann in der Frauen-Computerschule geschlossen werden.

In einem Wiedereinstiegs-Check bzw. einem Kompetenzprofil können die Frauen auch feststellen, dass sie fachliche Lücken mittels Anpassungsqualifizierungen schließen müssen, die dann die Agentur für Arbeit fördert oder selbst bezahlt werden können. Bei der Suche nach passenden Qualifizierungsangeboten sind wir behilflich.

Ein Ergebnis des Wiedereinstieg-Checks kann aber auch sein, dass die Frauen fitter sind, als sie glauben. Das gibt ihnen Selbstbewusstsein. Und natürlich ist es wichtig, dass die Bewerbungsunterlagen auf dem neuesten Stand sind und die Frauen ihre Kompetenzen selbstbewusst präsentieren.

Sick: Haben einige Ihrer Klientinnen wirklichkeitsfremde Vorstellungen?
Helbing: Einige schon. Viele Frauen wollen in Berufen arbeiten, für die sie keine nachweisbare Qualifikation haben. Oder sie sehen ihre Qualifikationslücken nicht und wenn sie sie sehen, wollen sie zunächst nur einen einfacheren Job annehmen. Dass es aber nicht so einfach ist, als promovierte Frau eine Büro-Assistentinnen-Stelle zu finden, leuchtet ihnen erst mal nicht ein.

Die häufigste Illusion ist zu glauben, dass sich zu Hause nichts ändert (oder nichts ändern darf), weshalb sie mit einer ganz geringen Stundenzahl wieder einsteigen wollen. Bei einem Wiedereinstieg aber ist die gesamte Familie gefordert und die Frauen sollten selbstbewusst Unterstützung verlangen.

Allerdings gibt es auch viele realistische Frauen, die schon recht gut vorbereitet sind und nur noch unseren Rückenwind benötigen, um den nötigen Schritt zu tun, um den letzten Schliff für eine erfolgreiche Bewerbung zu erhalten, um den Wiedereinstieg zu schaffen.

Sick: Wie vielen gelingt die Rückkehr in einen qualifizierten Beruf?

Helbing: Sie gelingt erstaunlich vielen – auch wenn es mitunter Zeit braucht. 57 Prozent der Teilnehmerinnen von power_m konnten erfolgreich wieder einsteigen. Davon haben mehr als die Hälfte eine sozialversicherungspflichtige Arbeit gefunden. 24 Prozent haben sich selbstständig gemacht, 21 Prozent eine längere Fortbildung begonnen. Weitere 43 Prozent der Teilnehmerinnen befinden sich noch in der aktiven Bewerbungsphase. Von diesen schafft es dann wiederum etwa die Hälfte.

Insgesamt können also ca. 70 Prozent der Teilnehmerinnen wieder einsteigen. Vielen gelingt es, an ihren Ursprungsberuf (falls überhaupt gewünscht) anzuknüpfen. Ein qualifikationsadäquater Einstieg dauert meistens länger, klappt aber dann auch oft.

Sick: Wie wichtig ist der Kontakt zu anderen Frauen in ähnlicher Situation?

Helbing: Die Arbeit in der Gruppe und der Kontakt zu anderen Frauen, die in der gleichen Situation sind, ist enorm wichtig. Das Gefühl »Ich bin die Einzige weit und breit, die den Wiedereinstieg in den Beruf nicht schafft« zehrt am Selbstvertrauen. In der Gruppe kann die Frau lernen, sich und ihre Fähigkeiten selbst zu präsentieren. Die Würdigung ihres bisherigen beruflichen Werdegangs sowie der geleisteten Familienarbeit durch die anderen zeigt ihr, dass sie etwas kann und geleistet hat. Das macht Mut. Zudem lernen die Frauen voneinander, wie sie ihren Alltag besser in den Griff bekommen können, dass zum Beispiel eine Erweiterung der Kita-Zeiten nicht bedeutet, dass sie ihr Kind vernachlässigen.

Beispiele, die Mut machen

Wenn der Partner den Rentenausfall ersetzt

Clarissa ist 35, Assistentin der Geschäftsleitung in einem großen Unternehmen — und schwanger. Sie möchte für das Kind eine dreijährige Elternzeit nehmen und anschließend fünf Jahre Teilzeit arbeiten. Sie ist beruflich qualifiziert und sicher, jederzeit einen Arbeitsplatz zu finden. Durch die Erziehungszeit hat sie Einbußen an gesetzlicher Rente. Mit ihrem Partner Malte hat sie vereinbart, dass er ihr diese Rentenausfälle ersetzt. Maltes Bedingung: Das Geld muss unbedingt für die Altersvorsorge angelegt werden. Er hat etwas geerbt und kann für sie eine einmalige Einzahlung in eine private Rentenversicherung leisten.

Clarissa lässt sich bei einer unabhängigen Rentenberaterin ausrechnen, was Malte einzahlen muss. Es sind ca. 30 000 Euro. Die investiert sie in eine private Rentenversicherung und gleicht mit dieser die Renteneinbuße aus.

Die Rentenberaterin ist beeindruckt: Sie hat in 15 Jahren Beratung in Rentenangelegenheiten nur ein einziges Mal erlebt, dass ein Mann seiner Frau den Rentenausfall ersetzt hat!

Weil Männer nicht daran denken? Oder weil Frauen gar nicht auf die Idee kommen, so etwas einzufordern?

Mama und Papa teilen sich die Elternzeit

Sophies Baby Ella ist ein Jahr alt. Sophie, 31, Journalistin, ist dieses eine Jahr zu Hause geblieben und hat Elterngeld bezogen. Nun kehrt sie zurück in ihren Beruf. Uwe, ihr Mann, ebenfalls Journalist, tauscht mit ihr.

Er geht an ihrer Stelle für ein weiteres Jahr in Elternzeit. Den Kita-Platz für die Zeit danach gibt es schon.

Schon Wochen vor dem Wechsel kann Sophie kaum an etwas anderes denken: Wie wird die kleine Tochter den Übergang verkraften? Was ist, wenn sie dauernd weint und zu Mama möchte? Eine Mutter ist doch eigentlich nicht zu ersetzen. Sie weiß nicht mehr, ob die Entscheidung richtig ist.

Aber siehe da, Ella findet es mit Papa wundervoll, gluckst und kräht vor sich hin, entwickelt sich prächtig und ist rundum zufrieden. Und auch Uwe ist glücklich!

Sophie kann es kaum glauben und ein bisschen wurmt es sie auch, sagt sie ganz ehrlich. Sie dachte nicht, dass ihrem Kind der Wechsel von Mama zu Papa so leichtfallen würde.

Gut informiert sein heißt bares Geld für die Rente

Helene (64) ist Sachbearbeiterin in einem großen Unternehmen. Sie könnte im nächsten Jahr in Rente gehen. Aber ihre Arbeit macht ihr sehr viel Spaß und gesundheitlich ist sie fit. Deshalb möchte sie weiter arbeiten. Ihr Arbeitgeber will das auch. Aber geht das überhaupt?

Helene vereinbart einen Termin bei der Deutschen Rentenversicherung und erfährt, dass sie zwei Möglichkeiten hat: Sie beantragt die Rente und arbeitet trotzdem weiter. Denn nach Erreichen der Regelaltersrente kann sie zu dieser Altersrente unbegrenzt dazuverdienen.

Wenig bekannt, aber sehr lohnend kann die zweite Möglichkeit sein: Helene arbeitet weiter und beantragt die Rente erst zu einem späteren Zeitpunkt. In diesem Fall erhält sie einen Zuschlag in Höhe von 0,5 Prozent pro Monat, wenn sie die Rente nicht in Anspruch nimmt, obwohl sie das könnte.

Der Berater der Deutschen Rentenversicherung rechnet ihr ein Beispiel vor: Die sogenannte »Standardrentnerin«, die 45 Jahre lang stets ein durchschnittliches Einkommen erzielt und durchschnittliche Beiträge gezahlt hat, kommt auf eine Rente von 1287,45 Euro im Monat. Arbeitet sie nun ein Jahr länger, als sie müsste, erhöht sich ihre Rente um sechs Prozent. Sie bekommt also 1364,70 Euro im Monat, gut 77 Euro mehr. In einem Jahr erhöht sich ihre Rente also um 924 Euro. Das Rentenplus fällt aber tatsächlich noch höher aus, weil ja weiter in die Rentenkasse eingezahlt wird. Insgesamt wären das dann 110 Euro im Monat mehr an Rente.

Helene ist beeindruckt. Sie wird über beide Möglichkeiten nachdenken und sich dann entscheiden.

Ein gelungener Neustart

Marlene (56) ist Diplom-Psychologin, hat jung geheiratet, drei Kinder zur Welt gebracht und ist dann zu Hause geblieben. Zu lange, meint sie rückblickend. Gearbeitet hat sie nur wenige Jahre. Die Ehe hielt nicht, mit 45 war Marlene geschieden. Aus dem Zugewinnausgleich erhielt sie eine stattliche Summe. Diesen Betrag investierte sie in eine Ausbildung zur Psychoanalytikerin, was schon immer ihr Wunsch war. Heute hat sie eine gut gehende psychotherapeutische Praxis, die sie, wenn sie gesund bleibt, so lange behalten will, wie es geht. Und das muss sie auch, weil sie viel zu wenig Rente hat. Aber durch ihr gutes Arbeitseinkommen kann sie das ausgleichen.

Eine Beziehung auf Augenhöhe

Marie-Claire (33), Informatikerin, hat das klassische Beispiel ihrer Mutter vor Augen: Ausbildung, Berufstätigkeit, Heirat, zwei Kinder, Beruf wegen der Kinder aufgegeben, 25 Jahre Hausfrau und Mutter. Dann die Scheidung mit sehr überschaubarer Abfindung und ohne eigene Altersvorsorge. Marie-Claire unterstützt ihre Mutter finanziell.

Deshalb will Marie-Claire in ihrer Partnerschaft alles Wichtige von vornherein regeln. Leider macht ihr Partner nicht mit, als sie ihm einen Ehevertrag vorschlägt. Die Differenzen sind unüberwindbar, deshalb trennen sich die beiden.

Mit Simon, ihrem jetzigen Ehemann, ist alles anders. Er ist mit einem Ehevertrag einverstanden. Mit einer engagierten Anwältin arbeiten sie einen Vertrag aus, der genau zu ihnen passt und alles regelt: wenn sie sich scheiden lassen sollten und keine Kinder haben, und wenn es zur Scheidung kommen sollte und gemeinsame Kinder da sind.

»Wir sind erleichtert, weil wir wissen, dass die wichtigsten Dinge in unserer Partnerschaft geregelt sind. Alles was problematisch werden könnte, wie zum Beispiel: Wer macht was im Haushalt, wie teilen wir uns Arbeits- und Elternzeit auf, wenn ein Baby kommt, wie werden Altersvorsorge-Verträge weitergeführt, wenn einer zu Hause bleibt, haben wir diskutiert und vertraglich festgemacht«, sagt Marie-Claire. Und: »Wir haben eine Beziehung auf Augenhöhe und keiner ist vom anderen abhängig. Das schafft Raum für das, was wirklich wichtig ist – unsere Liebe zueinander.«

Interview mit Julia Wegener

Die 39-jährige Julia Wegener (Name geändert) ist Finanzfach-wirtin (IHK). Sie ist verheiratet, hat zwei Kinder und arbeitet mit 36 Stunden pro Woche in einem Finanzdienstleistungsun-ternehmen.

Gemeinsam geht vieles besser!

Helma Sick: Frau Wegener, Sie lebten mit Ihren Eltern bis zum 12. Le-bensjahr in der DDR. Wie war das in den Kinderjahren?

Julia Wegener: Meine Eltern waren beide berufstätig. Ich war ab dem ersten Geburtstag in der Kinderkrippe. Ich kann die Vorurteile gegen-über Kinderbetreuung nicht verstehen. Ich ging gern in die Krippe und in den Kindergarten, hatte viele Freunde dort. Insgesamt kann ich sa-gen, hatte ich eine schöne und behütete Kindheit.

Sick: Wie war Ihr weiterer Lebensweg?

Wegener: Wir wohnten später in Norddeutschland. Ich machte Abitur, dann eine Banklehre und fing an zu arbeiten. Eine Ausbildung zur Bank-fachwirtin konnte ich nicht abschließen, weil ich mein erstes Kind, Si-mone, bekam. Damals war ich 24. Simone besuchte nach dem ersten Geburtstag eine Kinderkrippe und dann einen Kindergarten. Ich war weiterhin berufstätig. Als Simone drei Jahre alt war, trennte ich mich von meinem Freund. Wir hatten nicht viel gemeinsam, und ich konnte mir ein weiteres Leben mit ihm nicht vorstellen.

Zwei Jahre später lernte ich meinen Mann kennen. Es war für uns beide die große Liebe. Nach anderthalb Jahren haben wir geheiratet. Simone war sieben Jahre alt und in der ersten Schulklasse, als das zweite Kind, Susanne, kam. Ich war ein Jahr zu Hause, dann ging Susanne, wie auch schon Simone, in die Kinderkrippe und anschließend in den Kindergarten. Ich arbeite seitdem mit 36 Stunden in der Woche.

Sick: Sie haben in den letzten Jahren sogar noch eine Zusatzausbildung zur Finanzfachwirtin gemacht.
Wegener: Ja, das hat mich herausgefordert und beruflich weitergebracht. Es freut mich sehr, dass ich das geschafft habe.

Sick: Und das kriegen Sie alles offenbar gut hin ...
Wegener: Mein Mann und ich haben zum Glück geregelte Arbeitszeiten. Ich fange morgens später an zu arbeiten, bringe Susanne in den Kindergarten und bleibe dafür nachmittags etwas länger. Mein Mann fängt schon um 7 Uhr früh an und hört kurz vor 16 Uhr auf. Er holt dann Susanne vom Kindergarten ab. Einmal in der Woche kommt die Mutter meines Mannes und unternimmt etwas mit Susanne. Das genießen beide sehr.
Mein Mann und ich sind beide gut organisiert, deshalb geht das. Unser Familienleben findet ab spätem Nachmittag und am Wochenende statt. Besonders das Wochenende ist uns »heilig«. Da machen wir alle zusammen was Schönes.

Sick: Können Sie verstehen, dass viele Frauen jahrelang zu Hause bleiben?
Wegener: Nein, das wäre für mich nie in Frage gekommen. Ich brauche das andere Leben neben meiner Familie. Berufstätig zu sein ist ja nicht nur anstrengend, sondern es bringt mir auch soziale Kontakte, Herausforderungen, Anregungen. Und natürlich eigenes Geld. Ich wollte immer finanziell unabhängig und damit in der Lage sein, für mich zu sorgen. Dass ich neben meiner Familie noch eine Aufgabe habe, macht mich ausgeglichen und zufrieden. Und davon profitieren auch meine Kinder.

Sick: Mütter, die ihre Kinder selbst betreuen wollen, erzählen häufig, dass sie mit ihren Kindern singen, spielen oder lesen. Kommt das bei Ihnen vielleicht etwas zu kurz?

Wegener: Nein, überhaupt nicht. Tagsüber machen sie das doch im Kindergarten. Abends und am Wochenende wird bei uns zu Hause ebenfalls regelmäßig vorgelesen und gesungen.

Und wenn wir zum Beispiel abends kochen, dann helfen beide Kinder mit, schnippeln Gemüse und genießen das. Das finden sie wunderbar. Susanne spielt übrigens Geige. Simone ist 14 Jahre alt und sehr selbstständig. Sie will schon lange nicht mehr »betreut« werden. Wenn ich wie neulich sehe, dass eine Mutter ihrem 12-jährigen Sohn die Schnürsenkel zubindet, dann denke ich, da läuft was schief.

Ich finde, das, was Kinder im Kindergarten tagsüber erleben, können Eltern kaum bieten. Zum Beispiel, sich mit Gleichaltrigen auseinanderzusetzen, Kompromisse zu schließen, zu streiten, zusammen zu spielen. Private und öffentliche Erziehung müssen sich ergänzen, dann ist es meiner Meinung nach für Kinder und Eltern ideal.

Sick: Was möchten Sie anderen Müttern sagen?

Wegener: Ob ein oder zwei Jahre zu Hause, das ist nicht der Punkt. Frauen sollen ihr Leben nicht wegen der Kinder aufgeben. Kinder werden groß und gehen ihre eigenen Wege. Deshalb sollen und können Kinder nicht das einzige Lebensziel sein. Ein schönes und liebevolles Zuhause kann man Kindern auch bieten, wenn man sich selbst darüber nicht aus den Augen verliert und eigenes Geld verdient. Meine Familie ist der beste Beweis dafür.

Es ist Zeit
für Veränderungen

Wenn der Wind der Veränderung weht, bauen die einen Mauern und die anderen Windmühlen.

Chinesisches Sprichwort

Nutzen Sie den Wind der Veränderung, bauen Sie Windmühlen! Die Zeit ist reif!

Noch nie hatten Frauen so viele Möglichkeiten, ihre Potenziale und ihre Wünsche in Einklang zu bringen und damit zu verwirklichen.

Wir wünschen Ihnen von Herzen, dass es gelingt.

Helma Sick und Renate Schmidt

Anhang

Der Erste Gleichstellungs-
bericht der Bundesregierung

Helma Sick

Die Idee zu diesem Buch entstand auf einer Tagung der Friedrich-Ebert-Stiftung, auf der ein revolutionärer Bericht diskutiert wurde: der Erste Gleichstellungsbericht »Neue Wege –
Gleiche Chancen«, erarbeitet von einer Expertenkommission
im Auftrag der Bundesregierung.

Wir waren begeistert von der klaren Analyse der Ist-Situation in Deutschland, die deutlich zeigt, dass zwischen dem
wirtschaftlichen Status von Frauen und Männern immer noch
eine gewaltige Lücke klafft: Überwiegend Frauen arbeiten im
Niedriglohnbereich, Minijobber und Teilzeitbeschäftigte sind
meist Frauen, 90 Prozent der Alleinerziehenden sind weiblich.
Die durchschnittliche Frauenrente beträgt nur die Hälfte der
durchschnittlichen Männerrente usw.

Dabei sind vor dem Gesetz Frauen und Männer seit über 50
Jahren gleich!

Klar wird in diesem Bericht, dass viele familienpolitische
Leistungen viel Geld kosten, aber kontraproduktiv sind. Sie
halten gut ausgebildete Frauen vom Arbeitsmarkt fern und
führen somit zur Altersarmut.

Die Expertenkommission zeigt dazu konkrete, richtungswei-
sende Lösungsvorschläge für die politischen Entscheidungs-
träger auf.

Leider ist dieser Bericht weitgehend unbekannt. Er ist aber für das Thema unseres Buches von besonderer Bedeutung. Wir haben deshalb die für unser Buch wichtigsten Punkte kurz zusammengefasst.

Zusammenfassung des Ersten Gleichstellungsberichts der Bundesregierung

Die Große Koalition zwischen CDU/CSU und SPD hatte in ihrem Koalitionsvertrag vom 11. 11. 2005 vereinbart, einmal in jeder Legislaturperiode einen »Bericht zur Gleichstellung von Frauen und Männern« vorzulegen. Der Bericht sollte Fortschritte, aber auch Defizite offenlegen sowie die sich daraus ergebenden Konsequenzen aufzeigen. 2008 berief die damalige Familienministerin Ursula von der Leyen eine interdisziplinäre Sachverständigenkommission für die Erstellung des Ersten Gleichstellungsberichts, der 2011 vorgelegt wurde.

Der Auftrag an die Sachverständigenkommission war, den politischen Handlungsbedarf in unterschiedlichen Lebensphasen von Frauen und Männern und an den Übergängen im Lebensverlauf herauszuarbeiten. Darauf aufbauend waren handlungsorientierte Empfehlungen zur Gleichstellung von Frauen und Männern über den gesamten Lebensverlauf zu entwickeln.

Das heißt, dass untersucht wurde, wie sich Entscheidungen, die in einer bestimmten Lebensphase getroffen werden, auf andere Lebensphasen auswirken. Damit wird es möglich, die langfristigen Auswirkungen von geschlechtstypischen Entscheidungen insbesondere an den Knotenpunkten im Leben, wie der Berufswahl, dem Berufseinstieg, der Familiengründung, einer Scheidung oder dem Eintritt in die Rentenphase, zu erfassen. Die damit einhergehende geschlechtsspezifische Verteilung von Zeit, beruflichen Chancen und Geld zwischen den Geschlechtern kann damit verdeutlicht werden.

Frauen und Männer treffen in unserer Gesellschaft Lebensentscheidungen vor dem Hintergrund sehr unterschiedlich ver-
teilter Risiken und Chancen gemeinsam und einvernehmlich.
Aber es sind häufig die Frauen, die in ihrem weiteren Lebensverlauf die negativen Folgen dieser Entscheidungen zu tragen
haben, während die Chancen meist bei den Männern liegen.

Die längerfristigen Folgen der jeweiligen Entscheidung werden dabei oft insbesondere von Frauen zu wenig bedacht. Die
Übernahme eines Minijobs, um ein Beispiel zu nennen, kann
in bestimmten Lebenssituationen für die Familie kurzfristig
vorteilhaft erscheinen. Bereits mittelfristig, bei der Rückkehr
in eine versicherungspflichtige Teilzeit- oder Vollzeittätigkeit,
und langfristig, bei der finanziellen Sicherung im Alter, können der Ehefrau, die diese Beschäftigungsform in der Regel
wählt, aufgrund ihrer Entscheidung erhebliche Probleme entstehen.

Ein Nachteil, der aus der aktuellen Situation heraus in Kauf
genommen wird, zieht also den nächsten Nachteil fast unver-
meidbar nach sich. Es kommt zu einer Kumulation von Risiken
im Lebenslauf, wenn an kritischen Knotenpunkten die Wei-
chen falsch gestellt werden.

Die Kommission hat ein Leitbild für Gleichstellung erarbeitet,
das einerseits der Unterschiedlichkeit der Lebenswege Rechnung trägt und verschiedene Optionen eröffnet. Es geht aber
gleichzeitig davon aus, dass die Erwerbsarbeit für beide
Geschlechter die wichtigste Einkommensquelle und zentrale
Grundlage für die eigenständige Existenzsicherung von Menschen in Deutschland ist und auch in Zukunft sein wird.

Hier ein Auszug aus dem Gleichstellungsbericht:
Das Leitbild orientiert sich an der Idee der Chancengleichheit,

auch der Wahlmöglichkeiten. Dabei sind wir vom Ansatz der
Verwirklichungschancen von Amartya Sen* ausgegangen.

Wir streben eine Gesellschaft mit Wahlmöglichkeiten an. Die
Beschäftigungsfähigkeit von Männern und Frauen wird durch
eine gute Ausbildung gesichert, sie werden befähigt, für ihren Le-
bensunterhalt selbst zu sorgen und auch eine eigene soziale Si-
cherung aufzubauen.

Die beruflichen Qualifikationen und Kompetenzen von Frauen
und Männern werden gleichermaßen geschätzt und entgolten.
Durch eine angemessene Infrastruktur für Kinderbetreuung, schu-
lische Erziehung und Pflege sowie flexible Arbeitszeiten in den
Unternehmen wird die Vereinbarkeit von Beruf und Familie ge-
währleistet.

Die Erwerbsverläufe werden durch Optionen auf eine Unter-
brechung der Erwerbstätigkeit oder eine vorübergehende und re-
versible Verkürzung der Arbeitszeit flexibilisiert.

Die Gesellschaft unterstützt die Wahrnehmung dieser Optio-
nen zur Kindererziehung und Betreuung, Pflege und Weiterbil-
dung. Es werden besondere Anreize gesetzt, damit die Optionen
in gesellschaftlich gewünschten Feldern sowohl von Frauen als
auch von Männern genutzt werden. Die Nutzung dieser Optio-
nen darf nicht zu Nachteilen in der Alterssicherung führen.

Vor diesem Hintergrund muss finanziell und institutionell abgesichert werden, dass beide Geschlechter gleichermaßen im
Verlauf ihres Lebens sowohl Zeiten für Erwerbstätigkeit als
auch Zeiten für Familie, sogenannte Sorgezeiten, nutzen können, ohne einen Nachteil für ihre weitere Entwicklung.

* Der indische Wirtschafts- und Sozialwissenschaftler Amartya Sen bekam
für seine Arbeiten zur Wohlfahrtsökonomie den Nobelpreis. Er forscht unter
anderem über die Weiterentwicklung der Entwicklungspolitik und damit die
Bekämpfung von Armut und Unterdrückung.

Ziel ist also, dass sowohl Frauen als auch Männern in allen Phasen ihres Lebens gleiche Chancen offenstehen, wobei rein formale Chancen und Rechte nicht ausreichen, um Chancengleichheit zu verwirklichen. Frauen wie Männer müssen über ausreichend ökonomische, materielle und persönliche Ressourcen verfügen, um zwischen verschiedenen Optionen wählen und sich frei entscheiden zu können.

Der Bericht ist in insgesamt fünf Themenfelder gegliedert:

- Rollenbilder im Recht
- Bildung
- Erwerbsleben
- Zeitverwendung
- Alter und Bilanzierung des Lebensverlaufs

Die für eine Gleichstellung wichtigen Themen Gesundheit und Gewalt sollen in einem weiteren Bericht behandelt werden.

Zu den einzelnen Bereichen wurden sorgfältige Analysen der Ist-Situation erstellt. Zentrales Ergebnis ist: Die Gleichstellungspolitik des Bundes ist in sich nicht stimmig. In den unterschiedlichen Politikbereichen werden widersprüchliche Anreize gesetzt, und an wichtigen Entscheidungspunkten fehlt eine Fortsetzung der Unterstützung der jeweiligen Zielgruppen in bestimmten Lebenslagen (zum Beispiel ausreichendes Kinderbetreuungsangebot nach der Elternzeit).

Frauen sind heute besser ausgebildet als je zuvor. Im Steuer-, Sozial- und Arbeitsrecht aber bestehen mit dem Ehegattensplitting, der Mitversicherung in der gesetzlichen Krankenversicherung oder den Regelungen für geringfügig Beschäftigte nach wie vor starke Anreize für Frauen, nicht oder nur eingeschränkt erwerbstätig zu sein.

Andererseits verlangt das neue Unterhaltsrecht seit der Reform von 2008, dass die Ehepartner nach der Scheidung für die Sicherung ihrer materiellen Existenz selbst verantwortlich sind und in der Regel eine Pflicht zur Erwerbstätigkeit besteht.

Lange Erwerbsunterbrechungen, geringfügige Beschäftigung, Teilzeitphasen hinterlassen »Narben« in den weiblichen Erwerbsverläufen, die sich in verminderten Einkommen und schlechteren beruflichen Entwicklungsmöglichkeiten niederschlagen.

Die bisher unzureichenden Regelungen der Vereinbarkeit von Beruf und Pflegeaufgaben sowie der Anrechnung der Leistungen in der häuslichen Pflege in der Rentenversicherung stellen ein weiteres Problem dar.

Die widersprüchlichen Anreizsysteme und Diskontinuitäten hängen damit zusammen, dass sich die Regelungen im Familienrecht wie im Sozialrecht über längere Zeiträume entwickelt haben und sich teilweise noch an traditionellen bzw. an den aktuellen Geschlechterrollen orientieren. Im Hinblick auf die notwendigen Reformen haben die Parteien unterschiedliche Konzepte, die auf unterschiedlichen Wertvorstellungen über Familie und über Geschlechterrollen beruhen. Das hat in der Abfolge parteipolitisch unterschiedlich zusammengesetzter Regierungen zusätzlich zu inhaltlichen Brüchen geführt.

Im Gleichstellungsbericht werden aufbauend auf den Analysen differenzierte Handlungsempfehlungen vorgelegt. Sie zeigen Wege auf für eine Weiterentwicklung der Gleichstellungspolitik in der Bundesrepublik. Damit soll Frauen und Männern eine in sich stimmige, gerechte und zukunftsfähige Gestaltung ihres Lebens ermöglicht werden.

Im Folgenden werden nur einige wichtige Forderungen mit dem Schwerpunkt auf dem Erwerbsleben kurz vorgestellt.

Rollenbilder im Rechtssystem müssen modernisiert und konsistent am Leitbild der Gleichberechtigung ausgerichtet werden. Für ältere Frauen, die bei ihren Lebensentscheidungen von anderen Rahmenbedingungen ausgingen, muss es einen Vertrauensschutz geben.

Fehlanreize, die Brüche im Erwerbsleben von Frauen fördern, sollen Zug um Zug abgebaut werden. Die Sonderstellung der geringfügigen Beschäftigungsverhältnisse muss abgeschafft werden. Im Steuerrecht ist die Lohnsteuerklassenkombination III/V durch IV/IV mit Faktor zu ersetzen. Längerfristig muss die Ehegattenbesteuerung auf die in Europa übliche Individualbesteuerung umgestellt werden. Die beitragsfreie Mitversicherung von Ehefrauen in der gesetzlichen Krankenversicherung soll auf Phasen der Sorgearbeit begrenzt werden. Pflegezeiten sollen auf die Rentenansprüche besser angerechnet werden, auch für Nichterwerbstätige und Pflegende, die das Rentenalter bereits erreicht haben.

Unterbrechungen der Erwerbstätigkeit oder vorübergehende Verkürzungen der Arbeitszeit aufgrund von Sorgearbeit müssen reversibel gestaltet werden. Sie dürfen nicht zu langfristigen Einkommensnachteilen führen. Es müssen für Frauen und Männer gleiche berufliche Entwicklungschancen bestehen.

Die jetzige Bundesregierung ist dabei, die Forderungen nach und nach umzusetzen: Der Empfehlung der Kommission, einen gesetzlichen Mindestlohn einzuführen, wurde von der Bundesregierung 2014 entsprochen. Mit dem Gesetzentwurf zum Elterngeld Plus greift Familienministerin Manuela Schwesig 2014 die Empfehlung auf, das Elterngeld so weiterzuentwickeln, dass beide Elternteile gleichzeitig Elterngeld in Anspruch nehmen und mit Teilzeit kombinieren können.

Eine weitere Empfehlung, die Erhöhung des Frauenanteils in Führungspositionen in der Privatwirtschaft wie im öffentlichen Dienst durch eine gesetzliche Quotenregelung, geht die Bundesregierung an. Im Frühjahr 2014 legte sie die Leitlinien für eine gerechte Teilhabe von Frauen an Führungspositionen vor, die Grundlage für das entsprechende Gesetzesvorhaben sind. 2015 soll das Gesetz in Kraft treten.

Die Einführung einer Frauenquote von mindestens 30 Prozent in den Aufsichtsräten von rund 100 börsennotierten Unternehmen wurde im November 2014 beschlossen. Sie soll ab 2016 gelten.

Weitere Informationen zum Gleichstellungsbericht finden sich unter: www.bmfsfj.de/BMFSFJ/gleichstellung,did=174358.html

Wichtige Begriffe

Elterngeld

Seit 2007 können Väter und Mütter, die für die Betreuung ihrer Kinder vorübergehend aus dem Job aussteigen, Elterngeld beantragen. Das ist eine staatliche Leistung für Eltern mit kleinen Kindern, mit der der Einkommensausfall teilweise ausgeglichen werden soll. Das Elterngeld ist abhängig vom Nettoeinkommen und wird maximal bis zum vollendeten 14. Lebensmonat des Kindes (inklusive der beiden Partnermonate) bezahlt. Es gibt mindestens 300 Euro und höchstens 1800 Euro monatlich.

Elterngeld Plus

Am 7. 11. 2014 hat der Bundestag das Elterngeld Plus verabschiedet. Es wird ab 1. Juli 2015 gelten. Ziel ist: Frauen *und* Männer sollen Zeit für den Beruf, aber auch für die Familie haben. Das Elterngeld Plus ermöglicht es Müttern und Vätern, insgesamt bis zu 28 Monate in Teilzeit zu arbeiten und mit Elterngeld aufzustocken. Dabei erhalten die Eltern zwar nur halb so viel Geld wie beim normalen Elterngeld. Dafür verdoppelt sich aber auch der Zeitraum, in dem die Familie Geld vom Staat erhält.

Wenn sich Mutter und Vater die Betreuung partnerschaftlich teilen und parallel für mindestens vier Monate 25 bis 30 Wochenstunden arbeiten, gibt es einen Partnerschaftsbonus von

10 Prozent des Elterngeldes in Form von zusätzlich vier Monaten Elterngeld Plus.

Das ist eine deutliche Verbesserung gegenüber der bisherigen Elterngeldregelung, bei der Mütter oder Väter, die während der Elterngeldzeit Teilzeit arbeiten, einen Teil ihres Anspruchs auf Elterngeld verlieren.

Mit Elterngeld und Elterngeld Plus wird eine partnerschaftlichere Aufteilung der Arbeitszeit gefördert: Mütter haben die Möglichkeit, schneller in den Beruf zurückzukehren, Väter können mehr Zeit mit ihrem Kind verbringen.

Alleinerziehende können das neue Elterngeld Plus in gleichem Maße nutzen. In Zukunft wird für alleinerziehende Eltern an den steuerlichen Entlastungsbetrag nach Paragraf 24b EStG angeknüpft, damit sie von den Partnermonaten und dem Partnerschaftsbonus profitieren können. (Weitere Informationen unter www.bmfsfj.de)

Familienarbeitszeit

Elterngeld und Elterngeld Plus sind für Bundesfamilienministerin Manuela Schwesig wichtige Schritte hin zum Modell der Familienarbeitszeit. Diese sieht vor, dass beide Eltern nicht Vollzeit, sondern beispielsweise 32 Stunden pro Woche arbeiten. Der Verdienstausfall soll dann teilweise aus Steuermitteln kompensiert werden. Gedacht ist daran, dass beide Eltern im Anschluss an den Bezug des Elterngeldes – für maximal drei Jahre – ihre Arbeitszeit auf 80 Prozent einer Vollzeitstelle reduzieren.

Damit soll die sogenannte »Rushhour des Lebens« entzerrt werden. Denn im dritten und vierten Lebensjahrzehnt kommen auf die Menschen vielfältige Anforderungen zu, die oft sehr schwer unter einen Hut zu bekommen sind: das Bemühen um einen Platz im Beruf, Kinderwünsche und die beginnende

Pflegebedürftigkeit der Eltern. Eine moderne Familienpolitik würde damit Müttern und Vätern Zeit für die Familie und Zeit für den Beruf ermöglichen.

Das Unterhaltsrecht

Das neue Unterhaltsrecht ist am 1.1.2008 in Kraft getreten und hat entscheidende Veränderungen für Frauen mit sich gebracht. Leider aber wird es bisher viel zu wenig zur Kenntnis genommen. Das Wichtigste: Es gibt im Fall einer Scheidung nicht mehr wie früher automatisch nacheheliche Unterhaltsansprüche. Nur wenn kleine Kinder (bis zu drei Jahren) zu betreuen sind, bei langen Ehen oder wenn Frauen erhebliche berufliche Nachteile erlitten haben, kann es Unterhalt geben. Oft ist der aber zeitlich begrenzt.

Das Unterhaltsrecht gilt auch für Ehen, die vor der Gesetzesänderung geschlossen wurden.

Rechtsanspruch

Seit 1. August 2013 haben Eltern nicht nur einen Rechtsanspruch auf einen Kindergartenplatz, sondern auch auf einen Krippenplatz für Kinder ab dem vollendeten ersten Lebensjahr.

Wichtige Adressen

Tipps zum Wiedereinstieg in den Beruf plus Wiedereinstiegs-Check und -Rechner gibt es unter: *www.perspektive-wiedereinstieg.de*

Neben der Deutschen Rentenversicherung berät in Fragen zu den gesetzlichen Versicherungen (Rentenversicherung, Krankenversicherung, Pflegeversicherung, Unfallversicherung, Schwerbehindertenrecht, Versorgungsausgleich und betriebliche und berufsständische Versorgung) der Bundesverband der Rentenberater e.V., *www.rentenberater.de*

Expertinnen für finanzielle Lebensplanung sind zu finden unter: *www.finanzfachfrauen.de*

Informationen zu Kreditbürgschaften gibt das Existenzgründungsportal des Bundeswirtschaftsministeriums (Suchbegriff »Kreditbürgschaft« eingeben): *www.existenzgruender.de*

Initiative bürgschaftsgeschädigter Frauen: *www.buergschafts-geschaedigte-frauen.de/*

Informationen zum Elterngeld und Elterngeld Plus unter: *www.bmfsfj.de*

Quellen

Allmendinger, Jutta / Haarbrücker, Julia: *Lebensentwürfe heute. Wie junge Frauen und Männer in Deutschland leben wollen.* Wissenschaftszentrum für Sozialforschung, Berlin 2013

Baltzarek, Franz: *Die Geschichte der Wiener Börse.* Wien, Akademie der Wissenschaften, 1979

Book, Simon / Hergert, Stefani: »Für alles eine Option B«, Interview mit Klaus Hurrelmann, in: Handelsblatt vom 13. 8. 2014

Borchardt, Alexandra: »Schaut aufs Geld«, in: Süddeutsche Zeitung vom 5. 6. 2014

Bundesministerium für Familie, Senioren, Frauen und Jugend: »Neue Wege – Gleiche Chancen. Gleichstellung von Frauen und Männern im Lebensverlauf«, Erster Gleichstellungsbericht, Drucksache 17/6240, Berlin 2013

Bundesministerium für Familie, Senioren, Frauen und Jugend: Dossier »Müttererwerbstätigkeit«, 2012

Deininger, Roman: »Dietingen«, in: Süddeutsche Zeitung vom 5./6. 7. 2014

Deutsches Jugendinstitut im Auftrag der Bertelsmann-Stiftung: Studie »Wege in die Vaterschaft«, 2008

Duvander, Ann-Zofie / Ferrarini, Tommy: *Schwedens Familienpolitik im Wandel: Vergangenheit, Gegenwart, Zukunft.* Friedrich-Ebert-Stiftung, Internationale Politikanalyse, August 2013

Ellingsæter, Anne Lise / Gulbrandsen, Lars: »Closing the childcare gap: the interaction of childcare supply and mothers' agency in Norway«, in: Journal of Social Policy 4, S. 1–21, 2007

EPIC (European Platform for Investing in Children): Europäischer Vergleich zur Kinderbetreuung, 2014

EPIC (European Platform for Investing in Children): Erfolgreiche Vereinbarung von Beruf und Familienleben – Länderprofile, Schweden 2014, Frankreich 2014

Experian im Auftrag der Wirtschaftsprüfungsgesellschaft Warth & Klein Grant Thornton: Weibliche Chefs, 2014

»Frauen auf dem Sprung«, Brigitte-Studie in Zusammenarbeit mit dem Wissenschaftszentrum Berlin für Sozialforschung, 2007, 2010, 2012

Friedrich-Ebert-Stiftung: WISO Diskurs »Gute Pflege vor Ort. Das Recht auf eigenständiges Leben im Alter«, August 2013

»Gesunde Kinder – gesunde Zukunft«, AOK-Familienstudie, 2014

Gillmann, Barbara / Kewes, Tanja / Brors, Peter: »Das ist nicht der Untergang des Abendlandes«, Interview mit Ursula von der Leyen, in: Handelsblatt vom 17.6.2011

IG Metall Vorstand (Hrsg.): »Frauen auf Erfolgskurs. Infos und Tipps zur beruflichen Entwicklungsperspektive von Frauen«, Frankfurt, September 2014

Institut für Demoskopie Allensbach: »Die Generation Mitte«, Juli 2013

Institut für Soziologie, Wien, (www.soz.univie.ac.at), außerdem Familienministerium (www.bmfj.gv.at) sowie Wirtschaftsforschungsinstitut WIFO (www.wifo.ac.at)

Korbik, Julia: Stand up – Feminismus für Anfänger und Fortgeschrittene, Berlin 2014

Meinungsforschungsinstitut EM-NID: Umfrage für die Zeitschrift Chrismon, 2014

Mika, Bascha: Die Feigheit der Frauen, München 2011

Mikrozensus: Repräsentative Haushaltsbefragung der amtlichen Statistik in Deutschland, 2008

Milsch, Torsten: Mutti ist die Best(i)e – Die heimliche Diktatur vieler Mütter, München 2013

OECD: Studie »Doing Better for Families«, 2011

Oheim, Gertrud: Die gute Ehe – Ein Ratgeber für Mann und Frau, München 1959

Peschel-Gutzeit, Lore Maria: Selbstverständlich gleichberechtigt, Hamburg 2012

Pimminger, Irene: »Armut und Armutsrisiken von Männern und Frauen«, Agentur für Gleichstellung im ESF, Berlin 2012

Radenacker, Anke: »Männer klar im Vorteil! Frauen tragen bei einer Trennung weiterhin die Hauptlast«, WZB Mitteilungen, Heft 134, Dezember 2011

Save the children: »Welt-Mütter-Report«, Mai 2013

Schultze, Christine: »Wohnt der Papa im Büro?«, Sächsische Zeitung vom 20.9.2014, im Internet unter: www.sz-online.de/

ratgeber/wohnt-der-papa-im-
buero-293304.html
16. Shell-Jugendstudie: »Jugend
2010«
Sick, Helma / Fritz, Renate: *Reich
in Rente*, München 2014
Sick, Helma / FinanzFachFrauen:
Reich für Einsteigerinnen,
München 2014
Stern/McKinsey/ZDF/AOL:
Online-Umfrage »Perspektive
Deutschland«, 2003
Veil, Mechthild: »Kinderbetreu-
ungskulturen in Europa: Schweden, Frankreich, Deutschland«,
in: Aus Politik und Zeitge-
schichte B 44 / 2003, S.12–22
Wippermann, Carsten: »Zeit für
Wiedereinstieg – Potenziale
und Perspektiven«, im Auftrag
des Bundesministeriums für
Familie, Senioren, Frauen und
Jugend, Mai 2011
Wirtschafts- und Sozialwissen-
schaftliches Institut (WSI) in
der Hans Böckler-Stiftung, Düs-
seldorf, Untersuchung zur Lohnungleichheit, 2013

Dank

Unser Dank geht an:

- Friedel Schreyögg, langjährige Leiterin der Gleichstellungs-stelle für Frauen der Landeshauptstadt München, für die Auswertung von Studien und Recherche
- Barbara Voigt und Susanne Mersmann, freie Journalistin-nen, für professionelle Unterstützung
- Sara Haußleiter, Rechtsanwältin in München, für die Bear-beitung juristischer Fragestellungen
- Adeline Klinge, Dipl.-Verwaltungswirtin, unabhängige Ren-tenberaterin, für die Berechnung der verschiedenen Renten-beträge in den Fallbeispielen
- Monika Spinner-Schuch, unserer Lektorin, für die fachkun-digen Anregungen und den umsichtigen Feinschliff.